BluesBear

© Starring Ideas Inc.,Ltd.

6/22~7/22
第一本星座書

巨蟹座
暖心治癒系大神

作者◎
FB 粉絲 70 萬的人氣插畫家
星座小熊
暢銷星座書作家
曾新惠

今夜星光燦爛

星座之於人生，就像一道又一道的美食——

有時你會因為溫暖味蕾的甜味而感覺幸福滿溢，有時你會因為嗆衝腦門的辣味而涕淚齊發，有時你會因為直入心底的苦味而五官扭曲，有時你會因為刺激強烈的酸味而起雞皮疙瘩……這些五味雜陳，就像星座顯現的人生滋味，隨時在你心中發酵、迴盪。

某一段時間，你可能手氣大順、得意忘形，此時，就會有帶著考驗、壓力、限制意義的星星，現身來平衡你高張的氣燄；某一個時刻，你可能挫折不斷、失意沮喪，此時，就會有帶著幸運、慈愛、溫暖意義的星星，現身來平衡你低落的信心。

星光閃閃，每一顆星都有屬於自己的特質和使命，它們看似不相干，卻緊密相連，交織出一張張精彩美麗的人生星圖，猶如這世上變化萬千的各種滋味，總是讓人百般回味，心神滿足！

目錄·CONTENT

巨蟹與各星座的美味關係

◇◇◇◇◇◇◇◇◇◇ **星座八卦站** ◇◇◇◇◇◇◇◇◇◇

巨蟹與各星座的愛情協奏曲

◇◇◇◇◇◇ 星座八卦站 ◇◇◇◇◇◇

12 種上升星座，12 種巨蟹

怎麼辦？巨蟹～

◇◇◇◇◇◇◇◇◇◇ **星座八卦站** ◇◇◇◇◇◇◇◇◇◇

PART 1

說到巨蟹座

以最完整的分類方式，

掃描一遍巨蟹的各項基本資料，

讓你快速掌握巨蟹的關鍵特質。

 **巨蟹速寫**

生日： 6/22~7/22

符號： ♋

英文： Cancer

守護星： 月亮

守護神： 阿爾忒彌斯（希臘），狄安娜（羅馬）

性質： 陰性

屬性： 水象星座

宮位： 第 4 宮

宮位性質： 基本宮

代表詞彙： 我覺得

數字：3、7

星期：星期三

顏色：橘色

花朵：百合

寶石：珍珠

材質：皮

物品：帶有回憶的懷舊物品

身體部位：胸部、胃

偏愛場所：古蹟、傢飾店、古董店

優點：念舊、親切溫暖、體貼、包容力、同情
心、想像力豐富

缺點：情緒化、心腸太軟、自我保護、脆弱、無
法面對事實

性格原罪：濫情

契合星座：天蠍、雙魚

對立星座：摩羯

緊張星座：牡羊、天秤、射手、水瓶

中立星座：金牛、雙子、獅子、處女

◈ 神話由來

　　宙斯愛上艾克美娜，生下海格力斯。宙斯的妻子赫拉知道後氣憤不已，便用咒語讓海格利斯喪失心智，親手殺了自己的妻子和孩子，等他清醒後，改過自新，請求馬西尼國王收他為奴，沒想到，國王交給他十二項幾乎無法完成的苦行任務。赫拉也派一隻大巨蟹襲擊海格力斯，處境十分艱難。所幸，海格利斯不但一一完成艱難任務，也制伏了大巨蟹。於是，巨蟹的形象化身就

成了天上的星座之一。

◈ **愛情觀**

　　因為缺乏安全感，所以一旦擁有感情，就會牢牢抓住、傾力維持、小心呵護，容易沈浸在幸福裡，且感到滿足，但也因而難以接受情感失敗時的打擊，需要一段長久的療傷期，才能走出陰霾。

◈ **人際觀**

　　具有強烈的領域觀念，對於自己認定的朋友，極盡關心、寵愛、疼惜，即使需要犧牲奉獻，也心甘情願，但對於非我族類的人，則必定保持距離，只禮貌性地交往，深怕付出太多，會傷到自己。

◈ 金錢觀

　　喜歡收入穩定成長，不強求變成暴發戶，開源節流皆有一套自己的方法，特別重視長期不間斷的儲蓄。投資方面，喜歡定存、定期定額基金或房地產，避免讓原本就容易波動的情緒受到影響。

◈ 工作觀

　　當情緒高漲、興致正好時，做任何事都帶勁，不管遇到什麼困難皆有信心克服；當情緒低落、提不起勁時，立刻變得沮喪萎靡，判若兩人。因此，工作成就一直隨著情緒化的起伏，忽上忽下，無法真正穩定。

◈ 職業

　　幼稚園、看護仲介、房地產業、食品業、家庭管理、護士、保姆、小兒科醫師、旅館業、幼教業。

◈ 名人代表

男性：馬英九、白先勇、包偉銘、費玉清、李宗盛、羅大佑、任賢齊、陶喆、林志炫、陳漢典、盧廣仲、林宥嘉、張學友、梁朝偉、王家衛、周星馳、刀郎、陳建斌、薛之謙、第十四世達賴喇嘛、哈里遜福特、席維斯史特龍、湯姆克魯斯、喬治麥可、伊隆馬斯克、梅西、阿部寬、遠藤憲一、大谷翔平、小泉孝太郎、田中圭、坂口健太郎、水谷豐、藤木直人、李秉憲、孔劉、李敏鎬、Rain。

女性：陳美鳳、楊惠珊、賈永婕、郭書瑤、劉濤、黛安娜王妃、井川遙、長谷川京子、廣末涼子、吉高由里子、山本美月、本田翼、夏帆、能年玲奈、金高銀。

 一天一種巨蟹座

6月22日

很努力地理財，但看不出什麼成果，主因是一直抓不準其中的原則和節奏，投資標的換來換去，理財方式也天天改來改去，忙了一大圈才發現財越理越少；即便遇到沒禮貌的惡人，也不會惡言相向，溝通能力極強，可說出一番兼具理性與感性的大道理，讓對方不得不懾服。

6月23日

雖有萎靡不振的時候，但很快就能回復信心，走出封閉蟹殼，勇敢接受來自四面八方的挑戰，而且懂得在經驗中學習；有過度自我保護的傾向，對於負面記憶無法釋懷，一朝被蛇咬，十

年怕草繩。

6月24日

因為直覺力的加持，使得學習能力大大提升，屬於「感覺式」學習法，不談組織結構或流程計畫，對於有興趣的領域，特別容易進入情況，很快就能掌握訣竅；族群意識強烈，對於非我族類的人十分漠視，與平時溫和親切的形象判若兩人，不易拓展人際社交圈的友好關係。

6月25日

手腳不太俐落，腦筋動得也不快，但很會利用細瑣時間，勤能補拙，在長期努力之下交出亮眼成績，令人刮目相看；面對不喜歡的事物，總是掩耳盜鈴，以為不聽不聞就能逃避，但事後證明只是自欺欺人。

6月26日

　　謹慎、細心，總是能給人適時的問候與關懷，讓人覺得窩心，無私的付出，贏得不少真誠掌聲；猶豫不決，一直在茫然前進與畏縮倒退之間來回，常處於一種走進迷宮，卻找不到出口的迷惑狀態。

6月27日

　　雖然很有主見，但不強勢主觀，在與人互動的過程中，會主動留空間給對方，是一個頗受歡迎的傾聽對象；太在乎別人的看法，隨著雜亂無章的意見團團轉，最後完全失去自我，更不知所措了。

6月28日

反應快，夠社會化，能迅速在陌生環境中找到適合自己的定位，容易受長輩賞識，也懂得抓住良機；情緒起伏很大，讓旁人覺得很吃不消，嚴重影響人際關係，雖然事後自己也覺得懊惱，但卻一直無法有效改善，其關鍵在於內心曾經受過的創傷未能真正撫平與釋懷。

6月29日

　　擁有正確的價值觀，對人生懷著正面想法，即使遇到困難也能靠自己的力量度過，不會讓人覺得擔心；過於濫情，自以為能拯救所有人，但常常引來複雜的情感糾紛，最後連自己都救不了。

6月30日

　　對家庭十分注重，會主動照顧家人的需求，認為家是人生最重要的核心，別人侵犯不得，自

己也會投注所有心力保護，絕不鬆懈；緊張兮兮，尤其一遇到突發狀況，情緒高漲，幾乎失控。

7月1日

記憶力和領悟力都比一般人好，善用於工作表現上，更可見斐然的成果，但若只用在人際關係上，則容易變得愛計較；話多，又不說重點，讓人覺得拖泥帶水，不夠乾脆俐落，有礙做事效率。

7月2日

有生意頭腦，喜歡一切與賺錢有關的商業活動，對於投資理財有一套自己的哲學，雖然不一定能一夜致富，但經過長時間累積，的確可帶來令人滿意的獲利成果；想像力豐富，尤其容易往壞的方向去想，向他人抱怨的事情永遠都是那幾

件，無法從悲觀情緒中跳脫而出。

7月3日

　　沒有安全感，害怕受傷，所以畫地自限、減少與他人接觸的機會，但孤單的感覺卻愈發強烈，崩潰的情緒一觸即發；意志力堅強，與柔弱的外表完全相反，一旦決定目標後，就奮不顧身，誰也擋不住。

7月4日

　　耐力十足，能忍別人所不能忍，遇到痛苦也會咬牙撐過，有自我治療的能力，堅強努力的性格，讓人既尊敬又心疼；過於節儉，對自己和別人都一樣，只知節流，不懂開源，經常在有限的資源裡打轉。

7月5日

　　喜歡回憶童年時光或過往發生的點點滴滴，老是流露出一種感傷的情懷，頗富詩意；領域觀念太強，對於某些人的認知容易造成偏頗，對事情的看法也不夠客觀、理性，導致因誤判而做錯決定。

7月6日

　　習慣性地壓抑，不把事情講清楚，自己一人生著悶氣，等到再也忍受不了，才來個大爆發，情緒表現相當極端；家人占據心中最重要的位置，為了家人，任何的犧牲奉獻都在所不惜，毫無怨言。

7月7日

謙虛有禮，和善親切，讓人感覺如沐春風，尤其在撫慰受傷心靈的部分，更是箇中翹楚，全身散發一股令人安定的力量；對做生意有極高的興趣，善於成本控制，而且不怕吃苦。

7月8日

　　對金錢很計較，你的、我的、他的，一定要分得清清楚楚，連一塊錢都不能含糊；不論自己當下的心情是晴天或雨天，都會挪出空間來顧及他人的感受和需求，是一個在情感上能給予別人很大溫暖的人。

7月9日

　　直覺很強，循著心裡的聲音去做，就能得到令人滿意的結果，但若正處於渾沌、沮喪的低潮期，則需多聽大家的意見，不要只耽溺於自己的

想像；不屈不撓，有自己的堅持，無論在路途上遇到多大的風雨，都能憑著強大的意志撐過去，勇敢的精神令人敬佩。

7月10日

當事情發展到無計可施的地步，就會不顧一切地豁出去，猶如破繭而出的美麗蝴蝶，意外開創出一片屬於自己的天地，爆發力十足；過於敏感、小心翼翼，讓人覺得不夠大器，應該把心門再打開一些。

7月11日

不做踰越禮法的事，心中自有一把尺，相信善有善報、惡有惡報，憑藉著這樣的信念，踏實走出一條屬於自己的穩當之路；因為自我保護的

意識太強，導致疑心病重，老是有一種會被別人傷害的負面心理，即使快樂天使來到身邊，也不敢敞開雙臂迎接，易陷入悲傷的氛圍中。

7月12日

樂善好施，熱心助人，從不吝於伸出援手，天生就有一種悲天憫人的胸懷，給人溫暖的安定力量；對於某些人事物容易有過多期望，一旦最後結果不如預期，可能導致情緒潰堤，無法承受。

7月13日

喜歡對人傾倒情緒垃圾，若是偶一為之，別人還能接受，但是當次數已超過標準值時，恐怕會被列入拒絕往來的黑名單，嚴重影響人際關係；越是處於窘迫、痛苦的狀態，潛能越容易被激發，堅強的意志讓生命力之美就此展現，讓人驚嘆。

7月14日

寬容、憐憫、疼惜，像一個充滿愛的母親，用盡全力保護自己所愛的人，不辭辛勞、無怨無悔，真誠的心，很令人動容；與人產生借貸關係是大忌，無論債權人是自己還是對方，都容易引發難解的爭端。

7月15日

偶爾會出現脫軌的行為，例如大膽冒險、尖銳直接、粗暴偏激等等，其實這就是過於壓抑的結果，必須找出調節情緒的適當方式，才能一勞永逸；表面上看起來依賴心重，但卻十分獨立、有想法，而且辦事效率奇佳，在團體中常是異軍突起的典型範例。

7月16日

　　很會照顧別人、鼓勵別人，尤其在精神方面的支持，更讓人覺得窩心，是許多人十分讚賞的心靈導師；對人有雙重標準，遇到和自己同一國或看得順眼的人，百般呵護，禮讓有加，但若是非我族類或一看就覺得不順眼的人，稍有閃失就大加躂伐，毫不留情，令人傻眼。

7月17日

　　擔心沒依靠、害怕沒人陪、恐懼沒錢花，所以很看重金錢，進出荷包的每一筆錢都算得精確明白，而且會想辦法賺取更多的錢，以增加心裡的安全感；自卑心理作祟，需要別人的肯定和認同，常常因為太急於有所表現，反而陷入迷思，把自己的意志越攬越亂。

7月18日

　　快樂中帶著一抹憂傷，哀愁中帶著一絲豁達，就是這樣矛盾的心思，造就了不凡的藝術氣息，令人驚豔；不勢利，對每個人都溫善體貼，不強迫，讓每個人都覺得舒服自在，有著大家都稱許的好脾氣。

7月19日

　　容易把沒事變有事、小事變大事，搞得自己神經緊張，旁人也跟著雞飛狗跳，情緒控制能力不佳；每件事都要求做到澈底完美，精密細緻，讓人無話可說，有獨特的品味和過人的毅力。

7月20日

　　表面上是躲在角落、默默為家人付出的犧牲

者，其實是最不可取代、最堅強的後盾，長期的努力一定可以得到相當的回報；因為一時情感作祟，答應了不該答應的事，但事後又無法勇敢面對，最後乾脆置之不理，假裝一切都隨風而逝，是一個遇到麻煩會選擇逃避的駝鳥。

7月21日

知足常樂，即使只是小小的利益或好處，都能開心好一陣子，心胸寬大，樂於與人分享，信念堅定，不易迷失人生的方向；膽子小，創新力不足，只在固定的領域裡生存，不習慣接觸新世界，一旦大環境產生變化，可能會因為反應不及而受創。

7月22日

對於任何能挑戰自己的事都極感興趣，即

使眼神中透著猶豫、恐懼，嘴裡因緊張而唸唸有詞，但心卻是無比的堅固強硬，不達目的，絕不罷休；對於熟識的人會採取全然的信任態度，因此，若遇到意圖不軌者，很容易被騙得團團轉，不懂得保護自己。

PART 2

遇見 4 種血型的巨蟹座

星座和血型就像連體嬰，

談到星座，免不了要把血型拿出來講，

那麼，乾脆就讓它們大合體，

擦出更眩目的火花吧！

A型巨蟹

　　巨蟹多愁善感，對自己沒有信心，不管面對攸關未來的人生大事，或是日常生活中綠豆般的小事，總是猶豫不決，想了老半天還是拿不定主意，有嚴重多慮的毛病；A型雖然不積極，但該做的工作和該負的責任絕不推卸，然而，自信不足仍是長久以來難以戒掉的毛病，往往間接影響實際表現，甚至引發惡性循環。

　　巨蟹有一顆熱切的心，忙著為別人擦拭傷痕、舔拭傷口、安撫情緒，像個永遠不會累的天使，犧牲奉獻，無怨無悔；A型是典型的悲觀主義者，對於處理情緒不在行，連面對自己的沮喪鬱悶都不知如何是好了，更無暇顧及別人的心情。

　　凡事習慣往壞處想的A型，容易加強巨蟹的負面心理，兩者結合後的感覺就像灰灰暗暗的陰

天，心裡似乎被什麼不知名的東西卡著，讓人很難開心得起來，所幸巨蟹還有一個堅硬的外殼和堅強的捍衛能力，真要遇上什麼麻煩，Ａ型巨蟹還是會振作起來的。

Ａ型巨蟹對人很好、很關心、很溫和，但有時似乎給得太多了，讓受照顧者產生一股無形的壓力，甚至引來過於濫情的批評，因此，適可而止的用情和適當的情緒表達，都是Ａ型巨蟹重要的人生課題。

Ａ型巨蟹雖然能力不差，表現也都在水準之上，卻老是在一些小地方鑽牛角尖，明明整體看起來順利流暢，對自己還是不夠有信心，事情才進行到一半，就舉白旗投降，旁人的加油聲不敵自己的心魔作祟，最後只好眼睜睜把可能到手的江山拱手讓人。

自我意識不強的Ａ型巨蟹，總是把精神重心

投注於某一個人、某一件事或某一個物品，一旦被投注的對象出了什麼狀況，情緒便會受到極大的打擊，輕者閉關療傷一段時間，或許有機會慢慢回復，重者從此一蹶不振，迷失自我，很難再找到方向。

A 型巨蟹的喜怒哀樂都圍繞在「情緒」這個主題，總是慣性地窩在自己的想像世界或塵封記憶裡，不夠理性客觀，也不懂打開心胸接納新事物，心情指數低迷的時間越久，離看見陽光的日子就越遙遠了。

A 型巨蟹之最

- ✪ 最不愛出鋒頭
- ✪ 最顧家
- ✪ 最悲情
- ✪ 最壓抑

B型巨蟹

　　巨蟹面對弱者時，總能發揮無比的耐心和同情心，面對強者時，立刻就拿出尖利的大蟹鉗示威警告，自我保護心態十分明顯；B型喜歡跟大家分享，天南地北、上天下海，任何東西都可以聊開，是一個對誰都不設防的人，開心做自己，也給別人相對的空間。

　　巨蟹對金錢有很強烈的概念，一分一毫，絕不浪費，而且這個標準不僅用在自己身上，也延伸到幫家人或他人處理財務時，嚴謹把關、精打細算；B型對於金錢的想法只有賺進來和花出去，至於該如何存錢、該怎麼理財之類的問題，則完全不瞭解。

　　巨蟹的低調和悲觀可以和B型的開朗樂觀稍微平衡一下，遇到困難時，不再這麼容易放棄，

雖然未必能一下子信心大增，但起碼會變得勇敢一些，願意挺起胸膛來接受挑戰；遇到緊急狀況時也不會那麼容易慌了手腳，處理問題的能力可獲得某種程度的提升。

B型巨蟹因為不慍不火、友善合群、體貼包容，而贏得許多讚賞之聲，雖然有時仍會讓人有投入度不足，或是領域觀念稍嫌強烈的感覺，但整體來說，已經算是高分班了。

B型巨蟹保持一貫的親切熱心，但卻少了濃濃的悲情，在主動關愛別人時，除了和藹可親的態度不變，還多出一份坦然的自在，讓對方覺得既窩心又安心，不至於因為受到照顧而有任何壓力。

外表看起來反應不差、溝通順暢，也具有一定才華與能力的B型巨蟹，其實是一個沒什麼企圖心的人，喜歡玩樂、幫人家的忙、找人聊天、給人建議，每天忙東忙西，就是不會忙一些和自

己成就有關的事物，因為討厭壓力和被強迫，所以堅持過自己想過的生活，規則由自己來訂，至於是好是壞、是對是錯，也不需別人操煩，一切自行負責。

B 型巨蟹雖不至於讓人有憂鬱悲觀的印象，但偶爾也會出現矛盾的心情，例如面對不想幫忙的時候，卻無法開口拒絕，或是明明已做好萬全準備，心裡卻仍有一絲擔憂，不過還好的是負面情緒往往不會停留太久，只要稍微抒壓一下，很快就又是一尾活龍了。

B 型巨蟹之最

★ 最愛賺錢

★ 最衝突

★ 最會自我檢討

★ 最懂得武裝

O型巨蟹

　　巨蟹纖細敏感，尤其對於他人的情緒更是觀察入微、感受深刻，這樣的好處是能在第一時間給予他人最溫暖的照顧，但壞處就是容易陷入過度濫情、自作多情的情境裡，不可自拔；O型一向直來直往，所有心情都寫在臉上，毫不掩飾，就算因為這樣被人批評也無所謂，勇敢做自己，只要自己開心，不去理會別人的想法。

　　巨蟹無論表現得再怎麼開朗活潑，神情和舉止之中總還是透著一點畏縮的感覺，好像做什麼都感覺怕怕的、沒信心的、缺乏安全感的，在情緒轉換方面，需要花比較多的時間；O型豪邁瀟灑，自信滿滿，就算面對的人事物僅是第一次接觸，也感受不到任何的恐懼和擔心，有一種兵來將擋、水來土掩的非凡氣魄。

巨蟹的膽小看著 O 型的膽大，才發現原來當一個大聲說話、大步走路的人，竟是如此快樂，而且並不難，於是慢慢開始有樣學樣，性格變得自在許多；巨蟹的自我保護因為 O 型的樂觀奔放，也有了解禁的現象，不再那麼拘謹和多疑，人生開闊許多。

　　人不犯我，我不犯人，這是 O 型巨蟹的處事原則，平時看起來溫和有禮，但只要對方一有攻擊的傾向，立刻也不甘示弱地秀出致命武器，讓對方見識一下自己的厲害，是一個勇敢、有原則、熱愛生命的人。

　　O 型巨蟹一遇到問題會立刻解決，絕不會拖拖拉拉或放著不管，具有相當程度的責任感和行動力，值得託付重任，不過，脾氣不太好，容易受他人的影響，尤其遇到故意挑釁的人，一下子就失去理智，往往要費很大的力氣去收拾後果。

O 型巨蟹對任何人都十分熱心，就算他人沒有主動提出要求，也會一馬當先、極盡所能地提供各種支援，或許有人覺得這是拿自己的熱臉去貼別人的冷屁股，但 O 型巨蟹卻甘之如飴。

　　O 型巨蟹是一個很好相處的人，在群體中的評價不低，雖然比較沒有耐性，甚至會迷迷糊糊地犯些小錯，但還不至於闖出什麼大禍，只要繼續保持熱情，人生就有無限的可能。

O 型巨蟹之最

- ✪ 最具攻擊性
- ✪ 最體貼
- ✪ 最會照顧別人
- ✪ 最勇敢

 **AB 型巨蟹**

巨蟹害怕受傷帶來的痛苦感，拒絕面對現實，時時刻刻都在想方設法逃過、閃過、躲過任何不願意接受的真相，簡而言之，就是沒有挑戰困難的冒險精神；AB 型聰明果決，所有該達成的任務、該突破的難關、該事先設想的危機，一清二楚，精確無比，任何時候想的都是眼前的路要怎麼走、問題要怎麼解決，追求的是積極的人生。

巨蟹具有強烈的母性，喜歡照顧他人，看到別人痛苦，自己也不會好過，總覺得有能力保護自己心愛的人，是世上最幸福的一件事；AB 型喜歡具體的成就，既然花了時間、費了力氣，就希望能達到應有的報酬率，至於別人那些有的沒的小事，實在沒什麼建設性可言，所以即使只是一點點的付出都顯得多餘。

巨蟹因為缺乏安全感，所以猜疑心容易被無限制擴大，再加上 AB 型極端情緒化的特質，導致常常自尋煩惱、杞人憂天，不僅自己快被自己搞瘋了，就連旁人也遭池魚之殃，難以倖免，而這方面的加成效果，將是 AB 型巨蟹人生的一大考驗。

回憶總是最美好的，這一點問 AB 型巨蟹最知道。AB 型巨蟹喜歡沈浸在回憶裡的感覺，就像在暖流裡跟著緩緩的潮水浮動飄流著，舒服自在，沒有壓力，不用考慮方向和位置，就能到達想去的地方。

AB 型巨蟹對於愛的需求比一般人多很多，心裡似乎永遠在擔心著什麼，但又說不出具體的感受，只能從別人的肯定、讚美和鼓勵之中，得到一些撫慰心靈的養分，而且特別害怕獨處時的寂寞感，喜歡有人陪伴和分享，表面堅強，但情感十分依賴。

AB 型巨蟹是個精算家，不論對於情感、工作、金錢等任何事物，都能算得一分不差，總能交出令人滿意的好成績，但相對地，這也代表了過度壓抑和過分要求，精神與體力都有隨時崩解的可能。

AB 型巨蟹的情感是很脆弱的，嘴裡說不用人陪，其實心裡不斷吶喊：「留下來吧！」強硬的性格和柔軟的心思，造成劇烈的矛盾心理，必須找到一個能讓自己接受的平衡點，才有辦法真正得到解脫。

AB 型巨蟹之最

✪ 最期望被瞭解

✪ 最愛煩惱

✪ 最需要安全感

✪ 最念舊

12 星座最怕哪些事？

牡羊　最怕沒搶到第一，最怕依賴別人，最怕無聊。

金牛　最怕變動，最怕沒有美食，最怕沒錢。

雙子　最怕資訊落後別人，最怕一成不變，最怕拖太久。

巨蟹　最怕沒依靠，最怕冒險，最怕緊急狀況。

獅子　最怕沒面子，最怕安靜，最怕冷清。

處女　最怕失序，最怕髒亂，最怕被指責。

天秤　最怕沒朋友，最怕沒人陪，最怕失態。

天蠍　最怕沒隱私，最怕沒權威，最怕被背叛。

射手　最怕給承諾，最怕被限制，最怕愛計較。

摩羯　最怕速度太快，最怕不受尊重，最怕不確定。

水瓶　最怕沒自由，最怕守舊，最怕太感性。

雙魚　最怕壓力，最怕被規定，最怕被要求負責任。

PART 3

巨蟹與各星座的美味關係

當巨蟹與各個星座碰在一起,

會產生什麼化學變化,

能變出什麼美妙的人生滋味呢?

你也來嘗嘗吧!

 巨蟹 vs 牡羊

關係指數 ★★★★★

特調滋味 厚實濃烈

秘密武器 福禍與共

　　牡羊心中坦蕩，無愧天地，做人做事光明磊落，天不怕地不怕，把冒險犯難當成一種體驗人生的享受，對於貧乏單調的恐懼更甚於受傷挫敗，不願用循規蹈矩來換取安全，寧可接受挑戰、對抗強權，非要把自己弄得渾身是傷，才覺得符合熱情勇敢的英雄主義。

　　每每面對一件事，從決定、執行到結束，只能用風馳雷行來形容，急得不得了，屬於趕死人不償命的衝動派。好奇心強，對自己有興趣的事物，全心投入、全力以赴，反之，則絕不勉強自

己，甚至連正眼瞧一眼都懶得，對於喜惡的反應很極端。

企圖心強，信心滿滿，凡事都想搶第一、拔頭籌，相信只要是自己想得到的，一定能達陣成功，沒有輸的理由，只有贏的希望，隨時隨地抱持的信念都是積極樂觀和永不言敗。

巨蟹的能量是向內集中的，牡羊的能量則是向外發送的，當巨蟹把事情的焦點放在被動地保護和防禦時，牡羊想的卻是主動地攻擊和占領，兩人的觀點和做事方法很難一致，相處起來總有你妨礙我、我阻擋你的不順暢感，而且巨蟹不知如何跟牡羊溝通，經常才開口敘述，連重點都還沒提到，牡羊就沒耐性地掉頭走人，或是氣急敗壞地怒吼：「講重點！」讓巨蟹覺得無辜又受傷。

巨蟹做人處事的原則是大事化小、小事化無，只要大家能愉快融洽，什麼事都好談、什麼

問題都能解決，而牡羊講求的是爭取到底的決心，事情有沒有鬧大無所謂，但結果一定要贏就是了，可見，手段強硬的牡羊帶給巨蟹的壓力有多大，彼此之間的協調度實在很低。

◈ 如何調出兩人的美味關係？

一個要往東，另一個就想往西，一個覺得美妙開心，另一個就嗤之以鼻，兩人來自不同的世界，話不投機、水火不容，不管從哪個角度切入都無法找到共同點，若硬要湊在一起，只會消耗彼此的時間和精力，並留下一堆歇斯底里的怨言。倒不如學著尊重對方，你走你的陽關道，我過我的獨木橋，不強求，也不期待，彼此會過得更快樂。

巨蟹 VS 金牛

關係指數 ★★★★

特調滋味 清爽可口

秘密武器 真心誠意

　　金牛喜歡看得到、摸得到的具體實物，因為真實的擁有能帶來安全感，不必為虛幻或充滿變數的未知空等，已經握在手上的才算得上是資產。做人可靠，做事穩重，待人和善客氣，對自己的技能和才華有信心，但不會喧嚷自誇，強調以實績服人。

　　動作緩慢，按部就班，重視計畫，一旦處於快速多變的狀態，會有幾近心臟病發的不適感，對於周遭一切變化完全來不及消化和反應，容易造成沮喪和挫敗感。觀念保守，思想刻板，不敢

冒險，也不想嘗鮮，覺得規律安穩的生活即是最大的快樂。

喜歡吃美食和具美感的事物，平時節儉成性，每花一分錢都要再三斟酌，但會為一次豐盛的大餐或一件嚮往已久的昂貴物品實行存錢計畫，只要一存夠錢，便毫不猶豫地買下，享受自給自足的踏實感。

巨蟹喜歡金牛的緩慢、溫吞、安靜，這些常被大家詬病的性格，在巨蟹眼裡全成了令人欣賞的優異特質，因為巨蟹容易因為一點小事或外界些微的波動，引發膽怯、緊張、憂心的負面情緒，而金牛的沈穩表現便成了安定巨蟹心靈的力量，讓巨蟹覺得很舒服、沒有壓力，可以放心地說話、表達或做任何事。

不過，巨蟹和金牛也有因性格相近卻反而發生衝突的時候，例如金牛對於金錢的在意程度，

常讓同樣對金錢頗具概念的巨蟹感覺不太好，似乎好不容易建立的情誼和信任感，會因為你多我少、你盈我虧的情況而全部抹殺。當巨蟹和金牛互動還不是很頻繁時，對對方是有想像空間的，但若要長時間相處，則必須想辦法通過磨合期的考驗。

◈ 如何調出兩人的美味關係？

彼此之間存在著一股莫名的吸引力，但卻不十分強烈，清清淡淡、輕輕盈盈，相處的時候，感覺愉悅自在，不相處的時候，也不會特別想念，像是一種相互欣賞但不親密的隨緣感覺。其實，雙方各有優點，倒是缺點的部分比較類似，所以特別需要相互提醒、規勸，把對方當成明鏡，隨時修正自己的缺失，才能共同進步提升。

 巨蟹 vs 雙子

關係指數 ★★★

特調滋味 平淡無奇

秘密武器 各司其職

　　雙子的想法千變萬化，手腳爽利明快，全身細胞永遠都處在活躍跳動的狀態，就連睡覺做夢都能想出令人拍案叫絕的新點子，生活有趣精彩。辯才無礙，善於交際，什麼話題都能聊，什麼人都能相處融洽，但大多口頭之交，對於累積情誼並沒有幫助。

　　對於訊息的蒐集、處理和傳遞能力，無人能及，好聽的說法是人人崇羨的資訊達人，但較貼近事實的稱號應該是唯恐天下不亂的八卦王，整天穿梭在如槍林彈雨的大小資訊之間，不但不覺

得紛亂煩擾，反而有一種蓬勃生動的趣味，不亦樂乎。

遇到該負責任時，不是插科打諢混過去，就是用裝死的方式逃避，不是一個有承擔力的人。做事只有三分鐘熱度，過了興頭就棄置一旁，也不管完成程度如何，很難老老實實地做好一項任務。

巨蟹十分情緒化，身旁的任何風吹草動都可能嚇到、干擾到、波及到巨蟹敏感脆弱的心，因此，即使像雙子這樣不強勢，也不暴躁的人，卻因為活躍程度高，還是會讓巨蟹覺得不安。巨蟹不懂雙子為什麼可以三分鐘前才一副意志堅決地說要去運動，三分鐘後竟已經換好衣服要和朋友去吃喝玩樂了，雙子的急切、善變、隨口承諾，常把巨蟹搞得不知所措，像在走迷宮，始終找不到出口。

巨蟹雖然也羨慕雙子的輕快和機智，但心裡卻很清楚知道那並非自己擅長的，雙子就像在走鋼索，那是一種高度娛樂與高度風險的遊戲，需要有過人的膽量和危機處理的能力，而這些偏偏都是巨蟹最無法克服的心理障礙。巨蟹和雙子的關係看似平順，其實很難交融。

◈ 如何調出兩人的美味關係？

一個是急性子，一個是慢郎中，兩人的關係並非絕對的對立，相互干擾與相互協助的部分也不大，就像曾經打過照面，但彼此不熟，只是各自過著生活的鄰居。既然雙方之間有本質的差異，就要學著尊重對方的想法和做法，一方不可強勢的要求，另一方也不需以弱勢自居，否則久了一定會爆發難以想像的問題，倒不如平時就建立平等的觀念，自然就可相安無事地繼續相處下去。

 **巨蟹 vs 巨蟹**

關係指數 ★★★★★

特調滋味 厚實濃烈

秘密武器 福禍與共

　　巨蟹在這世上最愛的、最想照顧的就是自己的家人、族人、同類人，只要能扯上關係或有共同之處，便掏心掏肺、犧牲奉獻，而且完全不求回報，是一個寬大為懷、溫厚親切的人，不過，容易膽怯畏縮，也沒什麼主見，經常處於猶豫不決的狀態。

　　生性敏感，尤其對於人情世故的細微變化，更是感知深刻，很會看人臉色，但卻不懂得排解情緒，再加上習慣以悲觀負面的角度來解讀事情，以致於常自陷憂傷可憐的氣氛之中，難以

自拔。

面對不合理或不舒服的情況時，總是不自覺地壓抑情緒，等到忍無可忍時，才整個大爆發，猶如突然投下一顆原子彈，讓人感覺情緒反應十分兩極。理財觀念強，不僅精打細算，而且懂得對收入和支出做完善規畫，絕不會發生寅吃卯糧的慘劇。

巨蟹雖然也有拿起大鉗子來自我防衛、抵禦外侮的堅強性格，但整體來說，心情仍大多處於柔軟、膽怯、悲觀的狀態，所以特別渴望有人可以陪在身邊談心和分享，這時候如果能出現一個同樣善解人意的友善夥伴，那就真是太感人，猶如一部描寫失散多年的親人又再度重逢的劇情片，真摯溫馨、賺人熱淚。

巨蟹本身並非勇敢大膽的人，但為了保護自己所愛的人，即使處境再艱難，都會硬著頭皮

奮力抵抗。所以，當兩個巨蟹被湊在一起時，經常出現你保我、我護你的畫面，不僅能站在對方的立場著想，而且願意犧牲自己的權益換得對方的安全和快樂，是一對相互扶持且真心為彼此奉獻的組合，就算發生爭吵，最後還是會選擇原諒對方。

◈ 如何調出兩人的美味關係？

　　你有的，對方也有，你缺的，對方也缺，兩個人就好像照鏡子一樣。感情好的時候麻吉得不得了，但是一言不合、起衝突時，嚴重性也會甚於其他人。其實，彼此對對方的心情是惺惺相惜的，不僅相互欣賞優點，也會為對方的弱點擔心，那麼，何不勇敢地表達出自己心裡真正的心意呢？兩人應該經常交換生活心得，多給予對方鼓勵，要說氣話之前先冷靜一會兒再溝通，即可避免無謂的爭端。

 巨蟹 vs 獅子

關係指數 ★★★

特調滋味 甜中帶苦

秘密武器 各退一步

　　獅子把自己定位成一個君臨天下的王者，所以喜歡指揮別人、習慣發號施令、重視排場、講究氣氛，無論出現在什麼場合，一定要成為最閃亮的那個顆星，眩目華麗且光芒四射，若有人膽敢對君威不敬或對君命不從，必以威猛狂嘯的獅吼功伺候，非要對方懾服不可。

　　熱情樂觀，正直誠懇，魅力十足，在群體中能發揮以正面能量感染他人的效果，即便自己遇到煩惱或傷心的事，仍願意伸出援手去幫助別人。具創造力和戲劇天分，樂於將自己心裡真實

的想法，藉由創意和表演與人分享，沒心機，不計較，更無害人之心。

因為自命不凡，所以驕傲自大、霸道武斷，因為自封為王，所以不容異己、重權要勢，而且脾氣特別大，為所欲為，只要有人不小心犯了忌諱，就大動肝火，容易讓人留下喜怒無常的印象。

巨蟹顧慮太多，晴天也煩惱，雨天也擔心，總是猶豫不決，所以需要有人在一旁推一把，這時候，見多識廣又大膽的獅子，往往就是最佳人選；巨蟹對於未知懷抱太多恐懼，「如果……可能會……難道……」之類憂心忡忡的思緒一直在腦子裡轉個不停，所以需要有人在一旁安定心神、加油打氣，這時候，勇果熱情又有氣勢的獅子，就是那個走在巨蟹前面開路和擋子彈的英雄。

巨蟹願意屈服於強者的羽翼之下，只要強者克盡捍衛之責，巨蟹便甘願當一個被照顧保護的

乖乖牌，言聽計從，而巨蟹和獅子的關係就是類似於此，一弱一強、一進一退的搭配，讓兩人各得其所，或許別人看起來不太平衡，但當事者倒覺得互補契合。

◈ 如何調出兩人的美味關係？

對方的長處是自己缺乏而且羨慕的，對方的短處是自己獨有而且有能力幫助對方改善的，彼此的關係就好像優缺點互補的組合。剛開始相處時，可能因為性格的差異而有所保留或顯得尷尬，但只要一方願意先卸下防衛的面具，拿出具體的誠意來，兩人之間立刻多了一座用溫暖和真誠造成的友誼橋樑，從此相輔相成、愉快融洽。

 巨蟹 vs 處女

關係指數 ★ ★ ★ ★

特調滋味 順口回甘

秘密武器 誠摯分享

　　處女的分析能力和組織能力皆高人一等，不
管面對再怎麼混亂雜錯的狀況，都能在最短的時
間內理出一個清楚明確的頭緒，以及讓所有人都
覺得滿意的結果，勤奮努力，堪稱處事高手、效
率達人。

　　精密有序是基本要求，確實負責是中心思
想，完美無瑕是必達標準，即使因此必須過著嚴
謹忙碌的生活，亦覺得開心充實，毫無怨言。雖
然，表面看起來是一個事事實際、利益分明的
人，其實具有高度熱忱，樂於為需要幫助的人提

供服務。

　　自己嚴守紀律，也強迫別人跟著遵循，看什麼事都不順眼，愛批評、愛挑剔，整天嘮嘮叨叨、碎唸不停，讓旁人大呼吃不消。在人前的表現總是謙遜有禮、不爭不搶，但在人後的真實面目卻是錙銖必較，手上不僅握緊了箭，同時也備好了盾，可攻可守，絕不吃虧。

　　巨蟹和處女雖然一個感性、一個理性，但卻有一項極關鍵的性格共同點，那就是兩人都是注意細節的人，不喜歡只抓大方向而不談細部計畫的人，也無法忍受舉止大剌剌、不知節制的人，自己生活得小心謹慎，對於他人的要求亦是如此，只是巨蟹通常把這樣的情緒放在心裡，而處女則選擇毫不保留地全盤托出。

　　以某種程度來說，處女說出、做出了巨蟹想表達卻又不敢表達的意念，似乎有一種間接發洩

的作用，所以，即使處女嚴厲、規矩多，巨蟹也不覺得和處女相處有什麼痛苦之處，每當處女又囉哩叭嗦地挑三揀四時，巨蟹總是裝沒聽見，不與之爭辯，因為巨蟹知道處女要求完美的心，就像自己喜歡關心別人一樣，並無惡意，只是方法不同。

◈ 如何調出兩人的美味關係？

從外表看來，兩人喜歡的事物和行事的風格似乎不完全相同，但若仔細研究分析，就會發現根本是殊途同歸的同路人。兩人不但有著極大部分的相似特質，而且還有共同的習性和興趣，如果能時常彼此分憂、分擔、分享，便可讓原有的優點發揮得淋漓盡致，且對於增長見識和改善缺點亦有莫大助益。

 **巨蟹 vs 天秤**

關係指數 ★★

特調滋味 清淡無味

秘密武器 挖掘優點

　　天秤很在意平衡的問題，左邊是十公斤，右邊也要是十公斤，左邊放了一朵花，右邊也要放一朵花……只要一看到左右不對稱，就覺得渾身不舒服，非要想辦法改善，直到合乎公平公正的標準為止。

　　為人客氣溫和，與人相處融洽，喜歡愉悅舒服的氣氛，所以總是盡其所能地避免爭端是非；當問題的關鍵人是自己時，委曲求全、以和為貴，當問題出在他人身上時，則自願擔任居中協調者，為的就是能大事化小、小事化無，大家和

睦愉快沒紛爭。

注重形象，氣質出眾，親和力與溝通力特別好，活躍於各個人際社交圈，擁有迷人又知性的公關魅力。浪漫的理想主義者，紙上談兵的功力遠遠超過真槍實彈的實戰經驗，再加上愛享樂、不愛工作的習性，容易給人安逸懶散、光說不練的印象。

巨蟹具有強烈的領域觀念，對待被自己認定為同一族群的人，特別和善、寬容、照顧，就像一個竭盡所能、犧牲奉獻的母親，全心全意地付出，而天秤雖然也有自己的活動範圍，但重心卻放在人與人之間的社交來往，以分享、陪伴與和享樂為主，巨蟹表現的是一種胸懷，天秤強調的是一種關聯。

巨蟹雖然不是一個敢怒敢言敢為的人，但若一定要面對自己不喜歡的狀況，仍會盡量選擇避

開，而不是輕易妥協。巨蟹不欣賞天秤鄉愿、陪笑臉、一昧配合的態度，總覺得天秤的親和力都是為了經營人脈或怕得罪他人所裝出來的偽善，而天秤則把巨蟹設定為想太多的悲觀主義者，兩人雖不至於硬碰硬，卻也很難合得來。

◈ 如何調出兩人的美味關係？

基本上，兩人的性格差異是不小的，不是快與慢、熱與冷的組合，就是動與靜、攻與守的搭配，很難被放在同一個天秤比較，也極少被拿來一起配對。但其實雙方還是有一兩個相似之處，暗暗地支撐著彼此的友誼架構，只要一方肯用心發掘，並將自己的想法誠懇地表達出來，很快就能打破藩籬，建立良好新關係。

 巨蟹 VS 天蠍

關係指數 ★★★★★

特調滋味 香辣夠味

秘密武器 共創高峰

　　天蠍因為精明幹練、執著專注，所以被人視為不好惹的狠角色，又因為嫉惡如仇、報復心強，而被當作可怕的冷血者，在群體之中，就像一個天生的絕緣體，凡人不敢靠近、常人避免接觸，大家都躲得遠遠的，深怕一不小心就成了毒螯下的祭品。

　　外表看起來冷酷幽暗、默不作聲，其實是一個外冷內熱、用情至深的人，全身散發神祕的吸引力，一旦決定付出，就難以收回，而且要求對方同等投入，否則玉石俱焚；無法忍受被背叛，

占有欲極強。

具有如偵探般敏銳的直覺和洞察力，能一眼看穿對方心裡的真實想法，主觀意識強烈，對於追求真相和揭發內幕特別感興趣。善用謀略，執行力強，勇於克服困難，不輕易被挫折打倒，說到做到，絕不含糊其事或打馬虎眼，極具競爭力。

巨蟹剛接觸天蠍時，會有怯懦的畏懼感，因為天蠍全身散發一股很冷、很難搞、很陰沈的氣味，雖然巨蟹也是感覺敏銳細膩的人，但若真要跟天蠍比，恐怕還差了一截，而這其中的關鍵就在於巨蟹情緒化，天蠍冷靜，使得巨蟹看不出面無表情的天蠍，心裡到底打的是什麼算盤、什麼主意，所以很容易慌了手腳。

但其實只要雙方相處久一些，很快地，巨蟹就會發現天蠍原來和自己還滿契合的，因為天蠍不僅瞭解巨蟹的煩惱、憂慮、緊張，而且還會

想辦法幫忙抒發化解，是可以交心的知己。表面上，天蠍不動聲色，和巨蟹也不特別親暱，但私底下卻早已成為巨蟹極重要的精神支柱，讓巨蟹像吃了一顆定心丸，感覺安定又滿足。

◈ 如何調出兩人的美味關係？

　　兩人對於事情的看法、欣賞的風格、喜歡的類型，總是不謀而合，好像這些狀態是特地為彼此量身定作似的，契合得令人驚嘆。因為溝通管道暢通、做事速度和方法相近、相互信任依賴，又有共同的理念，所以很適合成為親密夥伴，無論是哪一方面的合作搭配，都能創造出好成績，是一段值得終生經營的正面關係。

 # 巨蟹 VS 射手

關係指數 ★★★

特調滋味 平淡無奇

秘密武器 各司其職

　　射手就像讓人心情大好的暖陽、可治百病的笑聲、充滿希望的正向能量，一切變得如此美好，是一個人人都想接近和學習的對象。喜歡接觸新事物，經常旅行，結交各領域的朋友，富哲學思考，同時具有行動力和實踐力，所以智慧過人、知識廣博。

　　不受框架的侷限，不理會制度的規範，熱愛自由，奔放開闊，即使付出的代價是不斷地被騙、被傷害，亦無所謂，依然樂觀開朗，勇敢冒險，為的就是尋找別人一輩子也到不了的奇境

聖地。

　口沒遮攔、快人快語，往往刺傷了對方的心卻毫無知覺，老是顧著自己開心，卻忘了替別人著想。過於理想化，還沒想清楚得失利弊就直接衝出去，十次有九次都以傷痕累累收場。說話誇大，動作誇張，又害怕承諾，特別容易給人留下不牢靠的負面印象。

　巨蟹看到射手耍寶、講笑話，覺得十分有趣；巨蟹感受到射手的熱情，覺得十分迷人。但是，當巨蟹更進一步認識射手時，通常都會被嚇得落荒而逃，再也不存遐想。當射手自以為率真坦白，心直口快地對巨蟹大肆抨擊時，總是讓巨蟹無法招架，恨不得立刻斷絕往來；當射手誇誇其談地編織偉大夢想，事後卻連一次都不曾實現過時，總是讓巨蟹失望無比，從此很難再給予信任。

巨蟹知道自由熱情、作風海派、喜歡到處遊歷的射手無法讓人覺得安心，即使用盡力氣溝通或想盡辦法規勸，亦是徒勞無功，還不如保持距離、以策安全。巨蟹和射手的性格特質、興趣、理念都不相同，若要增進情誼，勢必要費一番功夫才行。

◇ 如何調出兩人的美味關係？

即使對方什麼都沒做，也沒礙到誰，但彼此對對方都有一種說不出個所以然的反感，只是還不到針鋒相對的地步，不會在檯面上把自己心裡真正的想法全盤托出，尚為對方保留一些面子，也為自己留些餘地。道不同不相為謀，既然不適合湊在一塊兒，就不應該勉強，只要各司其職，把該做的事做好，井水不犯河水，自然也就皆大歡喜了。

 巨蟹 vs 摩羯

關係指數 ★★

特調滋味 甜鹹不調

秘密武器 相互包容

摩羯喜歡遵循古法、重視禮教、實力雄厚，而且特別強調安全，凡事只要可能承受風險，哪怕只是小得微不足道，談不上任何威脅，一樣會斷然拒絕，是一個不折不扣的老頑固、老長官、老學究。

一生之中有百分之九十的時間都用在工作上，除了真實的工作時間比一般人長許多之外，連休息、甚至睡覺都在想與工作有關的事，是大家公認的工作狂，生活規律而缺乏變化，刻板而不懂情趣，成熟而過於嚴肅拘謹，認真可靠而沒

有意外的驚喜。

深沈內歛，情感壓抑，有點悲觀傾向，但意志力和執行力十分驚人，一旦確定目標就不會改變，持續穩定地前行，雖然速度不快，但是步步走得踏實，再加上絕佳的領導力與組織力，往往能成為跌破大家眼鏡、最後坐上成功者寶座的人。

巨蟹如果代表母愛，摩羯就代表父權；巨蟹如果象徵家庭，摩羯就象徵社會；巨蟹如果是一種感性的情緒表達，摩羯就是一種理性的意識表現。巨蟹和摩羯是對立的角色，各自在同一條直線上的兩端費力拉扯，希望對方能向自己這邊靠攏一些，但卻總是事與願違，有時甚至還因為卯起來對峙而使得彼此關係惡化，誰也不讓誰。

巨蟹覺得摩羯的規矩太多、脾氣太硬、想法太舊、生活太無趣，摩羯覺得巨蟹的依賴心太重、情緒起伏太大、面對問題的態度太不理性。

其實，兩人之間並沒有什麼深仇大恨，但不知怎麼著就是看對方不順眼，尤其當雙方態度都轉為強硬時，想要解開彼此的心結或放下內心的堅持，確實是一件極不容易的事。

◈ 如何調出兩人的美味關係？

雙方的關係是既衝突矛盾，又掙扎拉扯，好像只要兩人同時存在一個空間裡，氣氛就變得不對勁，不是雞飛狗跳，就是僵持不下。其實，彼此的狀態就像蹺蹺板，一邊高的時候，另一邊就必須低，相互配合才能和諧，如果硬要都爭高或都搶低，下場當然很慘烈，還不如先談妥搭配的方式，並從禮讓和瞭解對方做起，一定可以慢慢地漸入佳境。

 巨蟹 vs 水瓶

關係指數 ★★★

特調滋味 苦中帶酸

秘密武器 親疏分明

　　水瓶忽遠忽近、忽淡忽濃、忽冷忽熱的詭異性格，總是得到兩種極端的評價，那些熟識的麻吉好友，異口同聲說這就是不矯揉造作、自然泰若的真性情表現，而那些初次見面的陌生人，則破口大罵：「不懂地球遊戲規則的外星人，有什麼好跩的啊！」

　　獨立創新，冷漠主觀，叛逆孤僻，以致於在群體中顯得格格不入，常常冷不防地就躲進只有自己瞭解的世界，與世隔絕，不想理人，也不想被理。其實，內心裡深藏著博愛、為人類服務的

高度理想，只是懶得解釋，覺得時機到了，該懂得的人就會懂得，不需多費唇舌。

　　雖然才華洋溢，但不刻意外露，雖然具備賺大錢的能力，仍淡泊名利，一生最怕的事就是失去自由，寧願當一個餓著肚子卻滿懷理想的自由鬥士，也不願成為口袋滿滿卻綁手綁腳的大富豪。

　　巨蟹喜歡往回看，懷舊的習慣從小到老都沒改變過，同樣一段記憶可以反覆溫習，有時想著想著，一個下午就過去了，但也覺得滿足幸福，是一種心情的養分補給。然而，水瓶看的、想的、做的卻只和未來有關，逝者已矣、來者可追，主張人要往前看，至於那些過去的回憶，早就灰飛煙滅，從腦子裡澈底消失了。

　　巨蟹和水瓶的本質差異就像一道透明牆隔在兩人中間，雖然一直能看見對方，卻聽不到對方的聲音，始終搞不清楚對方要表達的意思是什

麼。巨蟹和水瓶像是兩個來自不同時代、不同國家或不同生長背景的人，你說的我聽不懂，我說的你不屑聽，即使是一件很簡單的生活瑣事，也可能讓彼此關係瞬間惡化，修復不易。

◈ 如何調出兩人的美味關係？

對於對方的神情態度與處事風格，十分不以為然，甚至鄙視不屑，總覺得自己什麼都比對方好，只要有一方說一句話或做一個動作，另一方立刻就表現出不耐煩、不苟同的嘴臉，互看不順眼。但是，冤冤相報何時了，這時候反而應該用更多的愛與耐心，包容對方，檢討自己，才有可能化干戈為玉帛，轉負為正，創造雙贏的局面。

 巨蟹 VS 雙魚

關係指數 ★★★★★

特調滋味 鮮甜入味

秘密武器 相輔相成

雙魚愛上的是一種感覺，一種迷濛夢幻的感覺，一種無法具體描述，但卻使人無限依戀的感覺，那是精神層次的追求、心靈寄託的依歸，只有遠離複雜刺激、針鋒相對、物欲橫生的陸地，回到溫暖柔軟的廣闊海洋，才能放心地悠遊，感受前所未有的舒適安全。

天真浪漫，單純脫俗，慈悲體貼，特別同情貧苦弱勢的可憐人，即使自己只剩一碗飯，也會毫不考慮地先給最需要的人吃，然後再一邊忍受飢餓、一邊尋求更多援助，是一個善良又寬厚

的人。

　　喜歡逃避，自制力弱，缺乏判斷力，容易受騙或受誘惑，而且一旦陷入深淵就很難自拔，經常遊走在善與惡的交界。直覺、潛意識、玄學、神祕學等靈性方面的啟發能力極強，藝術天賦高，在音樂、戲劇、寫作、舞蹈等方面的表現優異，令人讚嘆佩服。

　　巨蟹的柔軟、深情、悲憫和寬容，雙魚最能懂得，因為雙魚亦是此道中人，兩人的情感一樣豐沛，愛心一樣飽滿，當別人把巨蟹的善解人意看成理所當然的服務時，雙魚會在一旁鼓勵巨蟹，當心懷不軌者濫用巨蟹的憐憫之心時，雙魚會給予巨蟹最多的安慰，彼此相依相偎，在心靈上的助益勝過所有財富。

　　巨蟹和雙魚都是重視精神甚於物質的人，即使雙魚沒錢、沒地位，巨蟹仍然喜愛雙魚，因為

雙魚是一個有愛心、熱心助人、願意無條件付出的人，這方面的性格特質與巨蟹不謀而合，讓巨蟹覺得特別溫暖舒服。巨蟹和雙魚是靈魂伴侶，純真誠摯的友誼電流不停地在彼此心裡流竄，一年、十年、三十年……甚至一輩子。

◈ 如何調出兩人的美味關係？

兩人的契合度是百分百，一方只要眨眨眼，另一方就知道意思，是靈魂伴侶，也是精神支柱，更是可以同甘苦共患難的知心好友，不必多說就能心領神會，無論在一起做什麼都覺得開心自在，而且理念和價值觀一致，即使偶爾發生意見分歧的狀況，也很快就能取得共識，並尋得解決之道，互動關係十分完美。

12 星座笑傲群星的過人特質

牡羊 行動力，勇敢，急躁，天真，自信。

金牛 節儉，耐力，固執，鑽牛角尖，穩重。

雙子 幽默，速度，機智，話多，八卦。

巨蟹 愛家，敏感細膩，懷舊，包容力，情緒化。

獅子 領導力，創造力，表演天分，自大，風度。

處女 責任感，批判，守規矩，挑剔，細心。

天秤 猶豫，社交力，愛美，和諧，善辯。

天蠍　心機，嫉惡如仇，吃醋，冷酷，神祕。

射手　愛玩，樂觀，熱情，誇張，神經大條。

摩羯　事業心，執行力，堅持力，嚴肅，認真。

水瓶　創意，搞怪，博愛，理性，好學。

雙魚　浪漫，胡思亂想，心軟，逃避，藝術天分。

PART 4

巨蟹與各星座的愛情協奏曲

當巨蟹與各個星座掉進愛的漩渦時，
怎麼做才能擁有一段讓人動心、覺得窩心、
感到開心的愛情呢？
這裡有祕技在此公開。

巨蟹 love 牡羊

牡羊情人的脾氣爆點很低，一觸即發，稍有不對勁就大發雷霆，不鬧到滿城風雨絕不罷休，最好再來個對方被嚇到屁滾尿流的戲碼，那就更過癮了。不過還好的是，脾氣來得快、也去得急，才一轉眼，臭臉變笑臉，怒氣變笑聲，像疾風驟雨後的燦爛豔陽。

受不了欲迎還拒、半推半就的黏膩感，一旦有了愛情的感覺，二話不說，立刻化身為愛的戰神，全力發動攻勢，誓言用最短的時間擄獲對方的心；當愛的感覺消失時，亦是直來直往，無法忍受拐彎抹角、冷嘲熱諷，有什麼不爽快就大剌剌地說出來，直接給雙方一個痛快。

喜歡征服的勝利感、喜歡在愛情關係裡占上風、喜歡對方崇拜自己的眼神，討厭不說話的冷

戰、討厭對方在眾人面前不給面子、討厭對方死纏爛打，愛情字典裡沒有羞赧曖昧，只有清楚明白的要或不要。

巨蟹和牡羊是一強一弱的組合，巨蟹欣賞牡羊的膽識，希望被牡羊照顧保護，而牡羊也不吝於給愛，只是當兩人共同經歷初期那段相互吸引的濃情蜜意後，問題便開始浮現，先是生活理念的落差，後是對未來共識的分歧，很快地，兩人的愛就會被大大小小的摩擦消耗殆盡。

巨蟹並不貪心，從來都不會看這個也想、見那個也要，只想抓緊一條牢靠的繩子，安心踏實地過生活，但牡羊的心思完全不同，整天忙著找新獵物或尋新的開心，對於舊的、久的對象總是打從心底生出一股膩味和倦意，所以，牡羊似乎很難成為巨蟹想要一生倚賴的繩子，而牡羊也因為害怕被人黏著不放的感覺，總是很快就逃離了。

◈ 如何吹奏兩人的愛情協奏曲？

　　兩人性格不相容、氣味不相投、生活不搭軋，從見面的第一眼就在心裡畫一個大叉，接二連三的罵聲從心裡冒出來，只差沒有真的脫口而出，立刻列入不往來的黑名單。但神奇的是，不契合的狀況竟隨著幾次的相處，演變成不打不相識，兩人慢慢理解對方，原本的壞印象也會持續減少，所以，雙方應該試著多給彼此機會去表現各自的優點，如此一來，愛苗就有空間慢慢滋長了。

讓牡羊動心的祕技 天真坦白，樂觀，
不囉嗦。

讓牡羊窩心的禮物 玩具、運動用品、
公仔、新上市的商品。

讓牡羊開心的場所 遊樂園、新奇的店、
速食店、運動娛樂中心。

巨蟹 love 金牛

　　金牛情人沒有搶取豪奪的氣勢，也沒有你死我活的狠勁，但卻有一千度的強烈占有欲，只要對方的眼神因為其他異性而稍微飄移、心思因為若有所思而小幅振盪，立刻醋勁大發，生悶氣、大聲甩門、拒絕親近等招術紛紛出籠，表示嚴重抗議。

　　喜歡吃美食、美麗的餐廳、有質感的禮物，只要營造具備這些元素的場景，兩人世界頓時如花團錦簇般夢幻美好，感情急速加溫。無論感情再怎麼長久、甜蜜，都不要牽扯到任何的金錢借貸關係，否則晴天馬上變雨天、熱情馬上變冷漠，千萬別挑戰節儉王的底線。

　　忠心誠懇，深情專注，執著持久，不玩愛情遊戲，一旦愛了就全力以赴，不僅心無旁鶩地愛

著對方，而且早已偷偷計畫兩人的未來，相戀、結婚、生子、偕老……即使八字只有一撇，還是覺得開心滿足。

巨蟹本身是容易緊張的人，所以特別渴望一個能給人帶來溫暖和安全感的對象，即使對方有一些令人難忍的性格缺點，巨蟹也願意為了擁有一個安心的生活而妥協與配合。若以這樣的條件來看，金牛似乎就是條件吻合的最佳人選了。

巨蟹和金牛同屬性格溫和、心地善良、對愛情忠實的人，當兩人交往到一定程度，巨蟹心裡正為著是否要有進一步關係而躊躇不決，且又開不了口時，金牛卻像心有靈犀一般，也正考慮著同樣的問題，雙方在愛情路上的心思同往、步調一致，即使面對問題或有所爭執，也很快就能解決，是一組情投意合的配對。

◈ 如何吹奏兩人的愛情協奏曲？

雙方的契合感是渾然天成的，不矯情，不必刻意培養，即使單純地坐著也覺得愉快，對於某些事或某些狀況能很快地取得共識，不僅愛情指數穩定向上攀升，就連愛情濃度也持續增高，彼此相親相愛的情景羨煞所有人。所以，兩人只要堅持不讓沒事變有事、小事變大事，就能安然無恙地共創美好未來。

讓金牛動心的祕技 可靠，幽默，有藝術品味。

讓金牛窩心的禮物 藝術品、珠寶、園藝用品、各式招待券。

讓金牛開心的場所 美麗與美食兼具的餐廳、藝術中心、郊外。

巨蟹 love 雙子

　　雙子情人的愛情態度被大家貼上「花心」的標籤，但自己對這樣的評價卻不以為然，總覺得自己只不過是真實呈現人性多重愛欲的自然本性而已，大家實在沒必要如此嚴肅正經，更不應該為此亂扣倫理道德的大帽子，不妨輕鬆一點、放開心胸地面對愛情。

　　幽默風趣成為在愛情世界裡悠遊自得、左右逢源的最佳利器，一旦發現獵物，得手的成功率幾乎高達百分之八九十，懂得善用自己的優勢，是一個聰明、花樣多的愛情獵人。

　　愛情要讓人愉快，而不是讓人沈重；愛情生活應該精彩豐富，而不是規律穩定；愛情之所以迷人，是因為追求的快感，而不是耐心的等待；愛情最讓人興奮的部分是達陣之前的疾速奔馳，

而不是達陣之後的塵埃落定；愛情最令人回味的是曾經擁有，而不是天長地久。

巨蟹是情緒波動十分劇烈的人，自己也常為了這樣的天性困擾不已，有時甚至很討厭自己受情緒影響後的所作所為，但又很難控制得宜，所以，若要找一個能與自己長相廝守的伴侶，巨蟹必定傾向性格穩定、開朗樂觀，能將自己拉出憂慮悲傷情緒的人，至於那些飄忽、不負責任、只愛新鮮感的對象，縱然才華洋溢或條件優異，仍堅決不予考慮，譬如花名在外的雙子便是一例。

巨蟹一旦投入愛情，便全力以赴、真情相對，不像雙子總是說一套做一套，人前說得天花亂墜，人後完全不認帳，兩人的愛情觀落差太大，即便費盡功夫經營，恐怕成果仍然有限。

◈ 如何吹奏兩人的愛情協奏曲？

打從相識之初，兩人就覺得不對盤，若是繼續相處下去，非但情況不易好轉，甚至每況愈下，最後只好以漸行漸遠收場。彼此的性格完全不同，喜好幾乎零交集，沒有共同話題，難以理解對方的思考模式，對於參與對方的生活更是興趣缺缺，所以，如果雙方仍想要攜手共度未來，一定要懷抱著無比的決心和包容力，否則最後還是要說再見的。

讓雙子動心的祕技 不黏膩，變換花招，有新鮮感。

讓雙子窩心的禮物 度假招待券、手機、益智遊戲、趣味商品。

讓雙子開心的場所 咖啡廳、百貨公司、旅遊景點、大賣場。

巨蟹 love 巨蟹

巨蟹情人要的愛情是一份包含了溫柔體貼、善解人意、至死誓言的安全感，暖暖的、厚實的、永恆不變的。在真愛來臨之前，害羞、不知所措，沈醉在真愛裡的時候，甜蜜深情，卻又惴惴不安，當真愛確定不移之後，放心安穩，一生奉獻，毫無保留。

雖然，兩情相悅的美麗情懷是不可欠缺的，但更圓滿美好的表現應該是再加進像家人一樣的親情，因為那才是不怕洪水猛獸侵襲、不懼天崩地裂破壞的情感，源遠流長，直到永遠。

容易猶豫不定，且情緒起伏較大，所以需要對方循序漸進的引導，以及耐心地守候，不適合火力全開的激烈攻勢。兩人爭吵時，無法在第一時刻把思緒理清楚、把話說明白，必須經過一段

時間冷靜思索，才會有答案，對方若一昧強硬逼迫，不但無效，還可能產生反效果。

巨蟹的愛是黏膩的、是緊密的、是濃得化不開的，可以想見，當兩個巨蟹被愛團團包圍的時候，彼此是多麼用力地抓牢對方，而身邊的人又是多麼地羨慕。巨蟹喜歡被對方需要的感覺，無論一方提出什麼樣的請求，與愛情有沒有直接相關，對於另一方來說，都是最鮮明、最令人期待、最讓人開心的求愛訊號，更是一種幸福的象徵。

當雙方發生不愉快時，巨蟹不會直截了當地把話說開，總是迂迴試探，希望對方主動示好或溝通，但若等了一段時間仍毫無動靜，則直接擺好攻擊陣勢，逼迫對方說清楚、講明白，情緒轉化之快，往往連同是巨蟹的一方也措手不及，情感如存亡一瞬間般危急，令人捏把冷汗。

◈ 如何吹奏兩人的愛情協奏曲？

要描述兩人在一起的感覺，最貼切的形容就是又愛又恨。當彼此磁場契合、頻率相同的時候，怎麼看怎麼順眼，就算對方講的話無聊至極，也能肉麻當有趣地笑得花枝亂顫，但如果兩人意見不合時，對對方的容忍度立刻降到零度，毫不留情面。所以，不妨多想想對方的優點和兩人曾經共有的甜蜜回憶，等氣消了、怨沒了，自然雨過天晴。

讓巨蟹動心的祕技 愛家，關懷體貼，寵愛。

讓巨蟹窩心的禮物 手工藝品、傢飾品、仿古傢俱、田園風格商品。

讓巨蟹開心的場所 花店、安靜溫暖的餐廳、跳蚤市場、懷舊之地。

 巨蟹 love 獅子

獅子情人所認定的愛情是轟轟烈烈、濃情蜜意、瘋狂烈愛……總之，就是一個不折不扣的重口味者，一旦陷入愛河，勢必高調地昭告天下，深怕漏掉一耳一目，而此舉的目的不僅是為了享受引人側目、招來嫉妒的得意感，更想讓對方感受到雄渾烈火般的愛意。

愛面子又不認輸，即使是自己做錯也不許別人笑，堅持保有尊貴的地位和非凡的氣勢，對方只要懂得順著獅毛梳理，不硬碰硬或逞嘴上之能，一定可以贏得歡心，過著吃香喝辣、橫行無阻的風光生活。

雖然有自己的喜好和行事風格，而且有些霸氣、自大，卻不會隨便亂發脾氣，只是一旦對方犯了大忌，引發獅子發火，可能就很難收拾了。

喜歡群聚的熱鬧氣氛，真正為兩人世界所花的時間和心力不多，把情人和朋友放在一起玩樂的模式似乎才是最愛。

巨蟹對獅子是愛慕之情，看著獅子面對眾人發令調度、指揮若定的非凡氣勢，就一心想成為這隻雄偉大老鷹羽翼之下的小雞，為的就是免於漂流離群之苦，幫自己找一個舒適可靠的棲身之所。然而，獅子雖有心保護，卻沒有長期面對同一對象的打算，外面花花世界令人神往，身邊情人三天兩頭地汰舊換新是司慣見慣的事，不足為奇，但對巨蟹來說，這一點恐怕是難以承受的痛苦。

每當獅子出手大方、施展浪漫招術時，巨蟹總是被迷得神魂顛倒，但甜蜜的感覺卻像煙火般燦爛而短暫，很快地，巨蟹清醒之後，就會懂得兩個愛情觀點不同的人若要勉強在一起，結果必定是令人傷痛的。

◈ 如何吹奏兩人的愛情協奏曲？

彼此雖然生活領域不同，基本特質亦有差異，但卻因為並非全然的落差和衝突，反而有一種欣賞對方和想要向對方學習的心情。兩人時而以柔克剛或以強扶弱，時而以慢制快或以快帶慢，感覺真美妙。不過，可惜這美妙終究是短暫的，等到時間一久，最初因差異而產生的新鮮感漸淡，回歸原點，不契合的現象也就紛紛浮出檯面了。所以，兩人最佳的相處模式應該是遠觀而不褻玩，保持距離、以策安全。

讓獅子動心的祕技 讚美，順從，玩樂的興致高昂。

讓獅子窩心的禮物 華麗閃亮的飾品、太陽眼鏡、高價精品、皮件。

讓獅子開心的場所 舞廳、五星級飯店、高級俱樂部、狂歡派對。

# 巨蟹 love 處女

處女情人的規則多如牛毛，異味止步、指甲不能太長、看書時不能用力折……這些規則讓那些搞不清楚狀況的人動輒得咎，前面那條規則都還沒瞭解透澈，接下來的一句話或一個動作，又馬上又犯了錯，簡直就要把對方搞瘋了，而自己也因為氣到爆青筋而快出人命。

喜歡談有建設性的話題、喜歡具學習價值的活動、喜歡可獲取實質利益的工作，謹慎務實的特質讓愛情變得不怎麼浪漫，但對於個人性格的磨練與成長，倒有極大的幫助。

把親情、友情與愛情切割得一清二楚，無論是自我認知或實際行為，都沒有模糊地帶，執行嚴明，同時也要求對方達到一樣的標準。雖然，愛挑剔，愛叨念，但卻是一個以誠相待、對感情

負責，交往到一定程度即願意與對方攜手共度一生的情感穩定分子。

巨蟹是柔軟的，處女是堅毅的；巨蟹是靠感覺愛人，處女是依條件愛人；巨蟹需要從別人身上得到安全感，處女可以經營一個自己想要的愛情世界；巨蟹能為所愛之人委曲求全，處女只遵守合理的愛情規則。

從許多面向來說，巨蟹和處女對待愛情的角度不同，心境的變化和處理愛情問題的方式也不一樣，然而，兩人一旦真正相處之後，卻發現契合得不得了。巨蟹雖然覺得處女不夠感性、不懂得說好聽話、不會製造浪漫氣氛，但卻因為處女細心負責的態度，讓巨蟹願意委身配合，因為和處女在一起的感覺是安穩厚實的，這一點對巨蟹來說，勝過千金萬銀與千言萬語，兩人的愛情之路必定越走越平順。

◈ 如何吹奏兩人的愛情協奏曲？

一開始的感覺很普通，沒有心花朵朵開的浪漫感，也沒有不屑鄙視的嫌惡感，就像一般朋友。但隨著時間地積累，慢慢日久生情，好感度逐漸增加，到最後甚至有越陳越香的態勢，算是滿契合的一對。所以，雙方相處的重要關鍵在於突破初識的生疏、猜忌、冷漠，只要成功進入互有好感的第一階段，之後就能一起登上愛之船，遨遊愛之海了。

讓處女動心的祕技 有禮貌，乾淨整齊，
知性話題。

讓處女窩心的禮物 健康用品、有機食品、
筆記本、精美日用品。

讓處女開心的場所 強調健康概念的餐廳、
聽演講、博物館、書店。

 **巨蟹 love 天秤**

　　天秤情人是標準的「外貌協會」，除了自己愛美、注重形象之外，就連情人的長相、氣質、穿著打扮，甚至生活品味，都要一併列入考慮，只要稍有差池就淘汰，平時喜歡當濫好人，為了顧全大局，總是鄉愿妥協，但與外形有關的部分絕不會委曲求全。

　　讓這個人滿意了，可能那個人就生氣了，同意了這邊的要求，就等於拒絕了那邊的好意……最怕陷入兩難的矛盾情緒，一遇到需要抉擇的場面，不是刻意敷衍，就是隱遁逃避，直接來個不問不理。

　　對於愛情的態度是柔軟清爽，而不是濃厚強烈，即使是情人之間的相處，也只像一陣舒爽輕柔的風，或像一條澄淨透明的溪水，或像時而淡

香、時而無味的空氣，絕不是熾茂燄盛的烈愛，也不是糾糾纏纏的熱情，和一般人對愛情的期待大不相同。

巨蟹的愛雖不強烈卻很濃烈，不會讓人一下子有驚豔的感覺，但卻如細水一般，悠遠綿長，而天秤的愛是輕巧自由、不受拘束的，且無法把精力長時間集中在單一對象身上，雙方打從愛的出發點就出現分歧，更無法期待後續會有什麼良性發展。

以短期的角度來看，巨蟹受不了天秤整天忙著經營自己的社交圈，花在兩人感情上的時間少之又少，不但讓巨蟹毫無安全感，更感覺不到相愛的誠意。而以長期的角度來說，巨蟹是愛情與麵包並重的精打細算派，天秤卻是愛情隨緣、花錢不眨眼的隨興派，巨蟹覺得天秤浪費，天秤覺得巨蟹小家子氣，彼此找不到共識，愛意勢必日漸淡漠。

◈ 如何吹奏兩人的愛情協奏曲？

　　無論談什麼話題，不是各持己見，就是相互批評，根本是話不投機半句多，對生活的態度，一個灑脫一個嚴謹，對愛情的認知，一個開放一個收斂，簡直是秀才遇到兵，有理講不清，實在很難溝通。兩人之間最欠缺的就是傾聽對方心裡的聲音，若只是一昧地表達自我想法或堅持自我主張，恐怕連和平相處都有困難，更不可能談情說愛了。

讓天秤動心的祕技 溫和，精心打扮，

熱情。

讓天秤窩心的禮物 時尚精品、香水、

音樂盒、設計師名品。

讓天秤開心的場所 優雅的咖啡廳、流行

商品店、名牌店、音樂廳。

巨蟹 love 天蠍

　　天蠍情人的愛情是濃密厚實、是深沈入裡、是專心一志、是飛蛾撲火、是欲念橫流……是沒有做好心理準備就陷落的人，承受不起、也消化不了的。滿滿一缸醋罈子，隨時等著打翻，對情人的精神與肉體施以同樣嚴格的控管，連一點細縫都不留。

　　疑心病重，心思縝密，觀察力過人，喜歡追根究柢，對方只要有一點不對勁，便立刻著手調查，而且是暗中偵察，絕不會做出打草驚蛇的傻事，非要查個水落石出不可，並保證讓對方心服口服。

　　只要認定了一個人、一段感情，再多犧牲奉獻也覺得心甘情願，最痛恨欺騙和背叛，對方若膽敢在背後亂搞，即使僅有一次，也會立刻被判

死刑，不但永無翻身之日，還可能遭到嚴厲的懲罰和報復，是一個占有欲極強、寧為玉碎不為瓦全的激情分子。

巨蟹和天蠍之間的愛情關係是和諧、包容與深厚。巨蟹是一個愛家的人，一旦決定認真談一段感情，心中預設的最後目標便是兩人共築愛巢，一幅溫馨美好的景象。天蠍雖然家庭意識不若巨蟹強烈，但對於感情亦是濃烈而真摯的，絕不隨便輕率。而且，當巨蟹面對人人聞之喪膽的天蠍式報復時，亦無所懼，因為巨蟹對自己的愛情忠實度很有信心，自認是一個人不負我、我不負人的善類。

巨蟹覺得在天蠍的濃情愛意裡，有一種說不出的安全感，而為了回報天蠍的付出，巨蟹更是全心奉獻，毫無怨言，在這樣良性互動的經營之下，兩人的感情想不好都難。

◈ 如何吹奏兩人的愛情協奏曲？

　　兩人有共同的性格特質和興趣，什麼話題都能聊，在一起做什麼都覺得開心，對方有的傲人優勢，自己也有，所以可以痛快暢談，而對方有的不為人知的缺點，亦心有戚戚焉，所以不必費心遮掩，感覺特別輕鬆自在，算是一組契合的配對。但要注意的是因為同質性高，怕日長生膩，因此必須特別用心經營，才能長久維持下去。

讓天蠍動心的祕技 自信，循序漸進，
不探隱私。

讓天蠍窩心的禮物 精油蠟燭、偵探小說、
占卜工具、神祕學書籍。

讓天蠍開心的場所 電影院、幽靜木林區、
具靈異氣氛的場所。

巨蟹 love 射手

　　射手情人無法在兩人世界耽溺太久，才相處幾天，立刻把平時陪在身邊瞎混瞎聊的好友拉攏過來，一起吃喝玩樂、遊山玩水，從兩人世界變成三人，再變成六人、十人……最後狐群狗黨全都上場，明顯多了插科打諢的歡樂氣氛，但浪漫的愛情氣息則蕩然無存。

　　沒有定性，所以無法和同一個人膩在一起太久；熱愛自由，所以無法被同一段情感長時間束縛；討厭壓力，所以無法給出一個具體的承諾。絕大部分的基本特質與愛情本質是相悖的，且改變不易。

　　因為自己開朗樂觀、大方豪邁，因此希望對方也是個正向陽光、心胸開闊的人，如果一天到晚只在乎小細節、只是唉聲嘆氣、只想緊迫盯

人、只吵著要兩人獨處、只懂得用恐嚇威脅、只會說一些假裝讚美的應酬話，那麼，兩人的結局恐怕凶多吉少。

當巨蟹費盡心思學習，終於成功地做了幸福小甜點送給射手，射手極可能毫不考慮脫口而出：「我不喜歡吃甜點耶！」一下就把巨蟹的好意完全抹煞；當天氣轉涼，巨蟹體貼地打電話提醒射手多加件衣服時，射手可能只是隨口說聲：「喔！」就立刻把電話掛了，讓巨蟹覺得很失落，好像被人嫌棄似的，難過不已。

巨蟹心思細密，射手少根筋，兩人只要相處一天，大大小小的誤解可能就會發生好多次，光是忙著處理和解釋都來不及了，哪還有時間培養感情。而且，巨蟹要的天長地久和射手強調的自由空間，根本就是兩條永遠無法接連的平行線，難有交集。

◈ 如何吹奏兩人的愛情協奏曲？

　　彼此之間好像隔著千山萬水，只能遙遙相望，不太有機會親近對方，而雙方也的確都沒什麼相互接觸的意願，屬於感情難以培養的組合。每次好不容易努力把兩人送作堆，卻又狀況連連，不是一方莫名地礙著了另一方，就是雙方互不給好臉色，實在難相處，所以，兩人特別需要學習摒除成見與耐心溝通，才有可能進一步往好的方向發展。

讓射手動心的祕技 不約束，講笑話，

活動力強。

讓射手窩心的禮物 旅遊用品、太陽眼鏡、

笑話書、民族風飾品。

讓射手開心的場所 具異國風情的餐廳

或景點、同樂會、大自然。

巨蟹 love 摩羯

　　摩羯情人凡事追求踏實安定，即便遇到以夢幻浪漫為本質的愛情，亦不改其堅定不移的態度和立場，一旦決定與某人交往，必是以結婚為前提作考慮，認真程度一如面對工作時的嚴謹負責，而且備有長期周詳的愛情計畫，絕不輕言兒戲。

　　表面看起來穩健自信，其實內心摻雜著脆弱悲觀的性格，需要身邊的人時不時地給予肯定和鼓勵，才得以抒解壓力和排解苦悶，繼續努力向前，所以情人必須扮演多重角色，既要是溫柔體貼的情人，也要是善於傾聽兼加油打氣的心靈導師。

　　不懂享受，毫無情趣，更惶論花錢花心思買生日禮物、過情人節或為紀念日慶祝，舉凡基本

生活需求之外，一切從簡，認為真正的愛情應該是兩個人老老實實地同甘共苦，而不是不知民間疾苦地拚命享樂。

巨蟹覺得摩羯愛家、顧家、持家的形象令人激賞，而且特別可靠，無論再怎麼轟轟烈烈或甜美如蜜的愛情，最後還是要有一個美滿的家庭作句點，否則一切都不算數。所以，巨蟹的盤算和摩羯的務實是相輔相成的，真是搭配得恰到好處。

不過，巨蟹不喜歡摩羯的冷酷、僵硬、制式，只要兩人意見不合，巨蟹再怎麼哭哭啼啼地撒嬌、裝弱勢，摩羯皆不為所動，所有的是非對錯只跟著一個「理」字走，若是摩羯的錯，摩羯選擇道歉，若是巨蟹的不對，摩羯絕不姑息或讓步，好像彼此不是情人，而是不相干的陌生人。總之在心情上，巨蟹對摩羯一直存在一種障礙，難以克服。

◆ 如何吹奏兩人的愛情協奏曲？

　　一開始就注意到對方，但沒有好感，看不順眼，隨口就可以講出對方千百個令人討厭的缺點，沒想到慢慢地，越看越有趣，臉上笑容變多了、心變柔軟了、喜上眉稍的感覺藏不住了，冤家變親家，一段致命吸引力的情緣從此展開……既然彼此真有愛意，就應該多包容、多站在對方的立場思考，相互磨合修整，互斥自然就變成了互補，美麗圓滿。

讓摩羯動心的祕技 言之有物的談話，端莊，正面思考。

讓摩羯窩心的禮物 名牌皮件、經典文具、實用的傢俱、古董。

讓摩羯開心的場所 山區、公園、郊外、書店、古蹟、博物館。

巨蟹 love 水瓶

水瓶情人常因博愛精神而被認定為花心大蘿蔔，其實這性格特質與愛情是無關的，必須分開來看待。在還沒確定一段感情之前，廣交異性，來者不拒的行為，的確容易被當作遊戲人間的花蝴蝶，可是一旦定下來之後，則自然會收斂許多，只留唯一的真愛。

無論在思想或行為上，都追求最大限度的自由，只要有一點拘束限制的感覺，立刻毫不客氣地變臉走人，寧可放棄甜蜜的情愛、契合的交流、溫暖的陪伴，也要爭取自我應有的空間。

聰慧、自我、創新，所以特別喜歡反應快、有想法，而且夠獨立的對象，不管大部分人的愛情模式和規則是什麼，只願意接受讓自己覺得舒服快樂的方式，即便可能因此引發爭端、招來非

議，仍堅持繼續試探衝撞，直到雙方找到相同的頻率為止。

巨蟹對於水瓶有一種陌生的恐懼，因為巨蟹總是對水瓶一無所知，同一個動作、同一件事若在不同時間或場合裡，水瓶的反應可能截然不同，例如這次巨蟹貼心地提醒水瓶一些注意事項，水瓶回以深情愛意，讓巨蟹心花怒放，但下次巨蟹又如法炮製時，水瓶竟反應冷漠，甚至勃然大怒，讓巨蟹覺得既委曲又害怕，不知所措。

其實，造成巨蟹內心恐懼的原因不是兩人相處時間的長短、默契的好壞，而是源於雙方性格本質的差異。巨蟹不知道水瓶到底要什麼，只能跟著水瓶的情緒起伏，就像溺水的人，求生變成當務之急，至於情愛的問題早已被拋諸腦後。

◇ 如何吹奏兩人的愛情協奏曲？

　　大部分的時候，雙方就像兩條平行線，很難有交集，既不想知道對方的任何訊息，也不可能主動關心對方，總是各自為政、互不搭理。因為彼此沒有互動的渴望，所以即使有接觸的機會，也很難建立在愛情上。基本上，要兩人相安無事地相處，並非難事，反而要培養出情投意合的愛意是比較不容易的，所以，一定要不斷地運用各種方式激發出自己與對方的熱情，才有可能長相廝守，直到永遠。

讓水瓶動心的祕技 獨立，以退為進，

培養相同興趣。

讓水瓶窩心的禮物 最新科技商品、科幻

小說、漫畫書、奇特商品。

讓水瓶開心的場所 3C賣場、天文館、

可觀星的郊外、展覽會。

巨蟹 love 雙魚

雙魚情人希望自己二十四小時都能在愛情海裡悠遊，不用管生活的壓力、煩人的工作、複雜的人際，只要整天和情人黏在一起，你儂我儂、甜甜蜜蜜，就等於擁有了無與倫比的快樂。

情緒是混雜的，情感是曖昧的，搞不懂自己到底想要什麼，說不清自己到底愛誰比較多，一旦處於質詢逼問的緊繃場面，只會選擇逃離，留下關係糾纏交雜的爛攤子。生性膽小怯懦，學不會拒絕，也不懂得分寸和自制，特別容易被人騙，或在不知不覺中騙了別人。

愛聽對方講心事，也喜歡講自己的故事給對方聽，快樂時一起大笑，悲傷時一起落淚，情感被交融得濃稠緊密，從此認定那就是浪漫情懷、就是千金萬金買不到的至愛真情，但誰知過幾天

又遇到情投意合的對象，所有夢幻感性重新再來一遍，彷彿沒完沒了的情愛輪迴。

巨蟹或許會因為雙魚與其他異性的曖昧關係而擔心，但雙魚總是想盡辦法化解巨蟹的憂慮，雖然真實情況的改變速度未必很快，但雙魚知道敏感的巨蟹要的就是安撫和更多的關心，只要肯多用點心思，巨蟹就會收起準備應戰的大鉗子，重新展現溫柔可愛的一面。

巨蟹一看到雙魚就有一種舒服溫暖的感覺，像情人，也像親人，不需要什麼磨合期，就能很快地、順利地進入你情我願的情愛階段，才相處三天卻好像已經認識三年之久，愉悅又滿足的感覺爬滿心窩。巨蟹喜歡雙魚專注凝望的眼神，雙魚愛巨蟹真心的關懷，就在一來一往之間，彼此的愛苗快速滋長，濃情蜜意化不開。

◈ 如何吹奏兩人的愛情協奏曲？

初見對方的感覺，即使沒有如天雷勾動地火般的激烈，一定也有小鹿亂撞、心跳加快那種被愛神之箭射到的甜蜜感覺，簡單地說，就是好感說不完的一見鍾情。兩人才相處三天就像認識了三年似的，完全不需要適應期，也沒有使人感覺不快的隔閡，任何困難都可攜手共度，相知相隨，親暱熱切，情感濃烈的幸福程度，讓所有人都羨慕不已。

讓雙魚動心的祕技 浪漫溫柔，主動，體貼。

讓雙魚窩心的禮物 手製卡片、花、水晶飾品、巧克力、宗教飾品。

讓雙魚開心的場所 海邊、有月光的公園、動物園、靈修場所。

12 星座之天使與魔鬼

天使牡羊：熱心，真誠

魔鬼牡羊：粗暴，衝動

天使金牛：溫柔，可靠

魔鬼金牛：頑固，耍牛脾氣

天使雙子：風趣，資訊達人

魔鬼雙子：花心，沒原則

天使巨蟹：奉獻，善解人意

魔鬼巨蟹：濫情，猜疑

天使獅子：大方，誠懇

魔鬼獅子：權勢，剛愎自用

天使處女：服務，負責

魔鬼處女：批判，規矩多

天使天秤：優雅，妥協

魔鬼天秤：推拖，好逸惡勞

天使天蠍：專心，堅持

魔鬼天蠍：嫉妒，報復

天使射手：開朗，直率

魔鬼射手：直言，不切實際

天使摩羯：勤奮，謙遜

魔鬼摩羯：刻板，現實

天使水瓶：創新，人道精神

魔鬼水瓶：抽離，冷漠

天使雙魚：愛心，關懷

魔鬼雙魚：混沌，說謊

PART 5

12 種上升星座，12 種巨蟹

除了基本的太陽星座，

上升星座在深入探討性格時也會被談到，

它會影響了個人的相貌特徵和外型氣質，

還包括呈現給別人看的性格面具。

上升星座查詢連結（需要輸入出生年月日時間及地點）

https://www.astrotw.com/horoscope/asc

 **上升星座落在牡羊的巨蟹**

上升牡羊的相貌特徵

⭐ 頭部比例明顯較大

⭐ 不高大，但具結實感

⭐ 手掌和腳掌比例較小

上升牡羊的外型氣質

⭐ 精力旺盛，急躁直率

⭐ 眼神中透出天真單純的氣息

⭐ 直言，自然，不做作

上升牡羊的人，就像不經困境、不克服挑戰就覺得不夠痛快的勇士，精神振奮、生氣勃勃，全身散發著旺盛的精力和無懼的勇氣，行動迅速敏捷，隨時處於征戰狀態，有強烈的競爭和好戰意識，見一個打一個、見兩個打一雙，企圖以具體行動來證明自己的實力。

　　上升星座落在牡羊的巨蟹，外表看似勇敢灑脫，其實內心緊張不已，若事情的進展如預期順利，即可鬆一口氣，笑顏逐開，若很不幸地，情勢發展每況愈下，則開始怨天尤人，充分顯露情緒化的性格。

　　本質上，是一個喜歡幫助他人的人，但如果出現雙方利益衝突的情況，就會毫不考慮地收回助人承諾，先保住自己所擁有的一切再說，行善的原則是量力而為，而非犧牲自我。

　　情感豐富且勇於表達，但不太注意對方的感

受，只是一味地給予，使得接受情感的一方，時而覺得溫暖窩心，時而覺得濃烈難化，日子一久，反而容易造成彼此的隔閡，產生負面效果。

上升星座落在金牛的巨蟹

上升金牛的相貌特徵

☆ 身材比例均勻而厚實

☆ 下巴、脖子的線條優美

☆ 成年後有容易變胖的傾向

上升金牛的外型氣質

☆ 溫和，不多話

☆ 情緒穩定，動作緩慢

☆ 有時會顯露出無辜的模樣

上升金牛的人，讓人感覺穩重溫和、緩步優雅，做起事來不疾不徐，既不懂得趨炎附勢，也不隨波逐塵，有自己的步調節奏和原則方法，凡事強調事前規畫與嚴格執行，絕不會讓怠惰壞了大事；喜歡一切與美麗有關的事物、氛圍、感覺，具有一定程度的生活品味。

上升星座落在金牛的巨蟹，給人一種堅定又柔和、固執又寬容、緩慢又精確的印象，不談利益時，溫順親切，很好相處，但若牽涉到利害關係時，則變得自我保護，立場分明，展現絕不受侵犯的態勢。

無論做什麼事都會卯足全力，即使這個任務的難度明顯超越了自己的能力範圍，還是會硬著頭皮接下來，甚至勇敢地將其視為一種讓自己進步的挑戰，就算最後未必能成功，卻仍覺得踏實滿足。

一旦在情感上受傷或受挫，就很難完全恢復，必須花費比一般人多很多的心力，才能一點一點地找回自信，而且容易產生一朝被蛇咬、十年怕草繩的心理障礙，特別需要別人的協助和鼓勵。

上升星座落在雙子的巨蟹

上升雙子的相貌特徵

- ✪ 肩膀寬厚,肩線明顯
- ✪ 手指靈活或比一般人長
- ✪ 大多有視力的問題

上升雙子的外型氣質

- ✪ 反應靈活,動作敏捷
- ✪ 表情多,愛說話,且速度很快
- ✪ 情緒變化快

　　上升雙子的人,反應靈巧機敏,頭腦轉速是他人的好幾倍,對於周遭人事物的感知力甚強,隨機應變、見風使舵是不費吹灰之力就能運用得

宜的拿手絕活；聰慧俐落、點子多，對於知識與資訊的吸收消化能力特別強，經常在團體中扮演訊息交換者的角色。

上升星座落在雙子的巨蟹，情緒的轉變很快，猶如晴時多雲偶陣雨，迅速、多變、沒有規則，前一分鐘大家才跟著憂心悲傷，眼淚都還來不及拭乾，下一分鐘突然就笑顏逐開，讓人覺得無所適從。

對於理財，有一套自己的法則，不僅懂得廣蒐資料，還經常與各領域的人交換訊息、詢問專業人士，然後融會貫通，整理成最適合自己操作的理財法，是一個學習力強又精打細算的人。

做事效率易受到猶豫、反覆性格的影響，本來可以在一天之內完成的任務，拖拖拉拉變成一個禮拜，甚至無疾而終，使得印象分數大打折扣，最後被貼上能力不佳的標籤，實在有些冤枉。

上升星座落在巨蟹的巨蟹

上升巨蟹的相貌特徵

- ✪ 胸部寬厚、凸顯
- ✪ 皮膚細緻，身材豐腴，
  屬易胖體質
- ✪ 重心在上半身

上升巨蟹的外型氣質

- ✪ 眼神明亮，含水感
- ✪ 情緒起伏大
- ✪ 沒有侵略性

上升巨蟹的人，給人一種害怕陌生、畏縮膽怯的印象，但本身親和力十足，總是在他人低潮受困時大方伸出援手；對於喜樂哀怒的情緒轉換

掌控制能力不佳，易情緒化；重心大多放在自己家庭，或與家庭有關的事務上，例如為家人打理大小事宜，甚至為家人犧牲奉獻等等。

上升星座落在巨蟹的巨蟹，溫厚、親切、善解人意，天生有一股喜歡照顧他人的強烈使命感，敏感細膩，情感豐富，極容易受感動，而且經常處於猶豫不決的狀態，心思搖擺，不夠果敢決斷。

具有相當程度的領域觀念，對於自己的家人或熟識到形同家人的朋友，特別呵護關愛，至於領域之外的陌生人事物則保持一定距離，不輕易釋出真心誠意，以免受到意料之外的傷害。

對數字的感受力十分敏銳，經常在家中或族群裡扮演財務大臣的角色，除了精打細算，不浪費、不寅吃卯糧之外，更力行放長線釣大魚的理財哲學，不抄短線，著重長期投資。

 上升星座落在獅子的巨蟹

上升獅子的相貌特徵

⭐ 頭較大，頭髮自然捲，肉結實

⭐ 眼睛大而圓，且眼角向上揚

⭐ 成年後有容易變胖的傾向

上升獅子的外型氣質

⭐ 眼睛炯炯有神，氣勢凌人

⭐ 光明磊落，精神奕奕

⭐ 開朗，愛表現

上升獅子的人，自認是天生活在舞台上、被聚光燈追著跑、擁有眾多支持者的王者，活力充沛、自信滿滿、開明華麗，隨時隨地都在想辦法引起他人的注意，自尊心十分強盛；領導才能突顯，而且架勢十足，自願扛起指揮坐鎮的重責大任，同時享受被人愛戴尊崇的榮譽。

　　上升星座落在獅子的巨蟹，雖然本身沒什麼企圖心，也不是很想出鋒頭，但天生就有一種指揮若定的架勢和廣布善心的胸懷，在群體之中，經由他人推薦而成為領導者的機率高。

　　想像力豐富、創造力強烈，腦子裡存在著各種千奇百怪的想法，雖然未必全部都能付諸實現，但確實都是令人驚豔的創意種子和藝術幼苗，只要給予呵護灌溉與成長時間，假以時日必能成為非凡的大作。

　　本質上是一個易感悲觀的人，只要在情感上

受了傷，立刻潰不成軍、元氣大傷，而且復原能力很差，但是，表面又要裝出一副無所謂的堅強模樣，不想讓別人看到自己的脆弱與悲傷。

上升星座落在處女的巨蟹

上升處女的相貌特徵

★ 骨感，身材比例細緻

★ 下巴較尖或較瘦，嘴巴較小

★ 屬於乾性膚質

上升處女的外型氣質

★ 清爽整齊，有禮貌

★ 拘謹，小心翼翼

★ 隨時注意任何細節

上升處女的人，端莊有禮、心思細微、嚴謹務實、認真負責，符合一般社會化標準的期待，容易給他人留下良好的第一印象；組織力和分析力特別強，可以在極短的時間內，把一件事從亂無章法整理成井然有序的系統化，被公認為精練能幹的效率達人。

上升星座落在處女的巨蟹，在慵懶中帶著一點紀律、在想像中帶著一點實際，雖然免不了有情緒化的時候，但整體來說，還能掌控在一般人可接受的範圍，不至於因為悲喜不定而影響人際互動。

看到別人需要幫忙時，二話不說，挺身而出，是一個熱心提供服務的人，但是，如果受幫助的一方反應冷淡或不知感恩道謝，心裡就會覺得很不舒服，抱怨不停，甚至認真考慮下次如何拒絕對方的求援。

無論做什麼事或面對什麼人，都要求一份安全感，絕不會因為別人的花言巧語或威脅利誘而捨棄這項基本原則，希望自己的人生能在穩定中求成長，盡量避掉可能的風險，力求踏實安心。

上升星座落在天秤的巨蟹

上升天秤的相貌特徵

⭐身材適中，骨架勻稱

⭐下巴多有稜角，雙唇飽滿

⭐穠纖合度，不易過胖或過瘦

上升天秤的外型氣質

⭐舉止優雅得體

⭐有親和力，給人舒服的感覺

⭐口才好，具社交手腕

上升天秤的人，優雅迷人、強調公平原則、善於社交，除非遇到過於不合理的狀況，否則大多會選擇配合他人，以避免製造不愉快的爭端；必須存在於人群團體之中，才會有安全感，無論做什麼都喜歡有人陪伴，藉著與他人的互動，感受自身的需求與心理狀態。

上升星座落在天秤的巨蟹，雖然不會主動對人示好，但本身親切和善的特質卻加了不少分，而且配合度高、不愛跟人計較，更是在群體生活中受人歡迎的原因，但有時會讓人覺得過度細膩，忍不住想逃離。

可以和人搏感情、可以與人合作、可以為他人做某種程度的犧牲，但卻無法承受壓力或扛起責任，只要事情一開始變得棘手，整個人就煩躁不安，是一個難以被託予重任的人。

對於人事物的喜好不會表現在臉上，只會記

在心上、放在腦海裡，而且久久不忘，除非發生
什麼重大的巨變，或經過長時間的沈澱，才可能
從記憶裡慢慢消除，是一個不太會把心裡想法真
實表達出來的人。

上升星座落在天蠍的巨蟹

上升天蠍的相貌特徵

- ✪ 沒什麼腰身，臀部豐滿
- ✪ 毛髮烏黑又濃密
- ✪ 眼神深邃神秘

上升天蠍的外型氣質

- ✪ 獨特的神秘魅力
- ✪ 話不多，冷酷靜默
- ✪ 性感，悶騷

上升天蠍的人，習慣將真正的情緒藏於內心，外表冷靜內斂、沈著鎮定，與他人之間彷彿隔著一道銅牆鐵壁，堅硬厚實，難以攻破；獨特的神祕魅力、堅忍不移的專注力、無法撼動的意志力，組合成一股凡人難敵的吸引力，靜謐卻幽遠地影響著身邊的每一個人。

上升星座落在天蠍的巨蟹，觀力敏銳、情感細膩、直覺強烈，只要與陌生人短暫接觸，即可洞悉對方的性格與想法，而且八九不離十，功力驚人，但因為喜好分明，所以容易與他人產生無形的隔閡。

事情連八字都還沒一撇，就開始憂慮擔心，一下想出各種突發狀況來嚇自己，一下悲觀地認為自己一定不會是那個奪標的幸運兒，負面情緒過多，難免影響士氣，若最後真的失敗了，自己便是罪魁禍首。

在下決心之前，猶猶豫豫、左思右想，讓人覺得很不乾脆，可是一旦做了決定，就會堅持到底，任何誘惑、打擊、困難都不成問題，心的力量如同一頭猛獅，威力無窮，令人驚嘆與讚佩。

🐻 上升星座落在射手的巨蟹

上升射手的相貌特徵

- ✪ 身材重心在下半部
- ✪ 大腿特別結實
- ✪ 怕熱，容易出汗

上升射手的外型氣質

- ✪ 帶著一點喜感，很開心
- ✪ 笑聲大，笑容燦爛
- ✪ 粗線條，常跌倒或打翻東西

上升射手的人，永遠是那麼快樂無憂、精神奕奕、瀟灑自在，雖然也常被粗心大意或隨興而起的性格所害，但終究是一個樂觀主義者，所有煩惱皆能轉頭就忘，完全不留痕跡；喜歡學習、

交朋友和旅行，善於發揮正面的能量，並努力以行動實踐自己的理想。

上升星座落在射手的巨蟹，對於熟識的人太信任，對方說什麼就信什麼，有時連笨蛋都聽得出怪異之處，卻還是深信對方的承諾，甚至會為了護衛對方而跟其他人起衝突，有嚴重的識人不清的傾向。

外在的表現是奔放、樂觀、直接的，內在的想法是悲觀、內斂、深沉的，內外衝突不斷，而且大多時候都不是自己可以控制的，所以當他人提出質疑或攻擊時，心裡總是特別痛苦。

偶爾為了嘗鮮、滿足好奇心，會有冒險的舉動，但還能謹守在某一個危險度不算高的安全範圍，例如不傷害他人、不留下後遺症、不讓自己陷入無法自拔的深淵等等，算是懂得保護自己的聰明人。

上升星座落在摩羯的巨蟹

上升摩羯的相貌特徵

- ✪ 骨架大，肌肉結實
- ✪ 皮膚顏色較深，髮質較粗
- ✪ 身材大多屬於清瘦型，
  不易發胖

上升摩羯的外型氣質

- ✪ 嚴肅，表情不多，沉靜
- ✪ 帶著一股憂鬱氣質
- ✪ 少年老成的模樣

上升摩羯的人，外表看起來比實際年齡成熟，散發一種不開心的憂鬱特質，讓人覺得拘謹嚴厲，不易親近；做事循規蹈矩、勤奮不懈、嚴

守分際，標準的實際主義者，不浪費時間在沒有實質獲利的事情上，付出一分耕耘，就要有一分收穫，不占人便宜，但也不吃虧。

上升星座落在摩羯的巨蟹，本質上是愛家、喜歡待在家裡的人，但只要一投入工作或開始執行某項計畫，立刻就變得難以自拔，不知該何時喊停，非要把自己折騰到精疲力竭，才肯罷手。

認真努力、勤奮誠懇，無論是做事態度或最後交出的成績單都令人滿意，雖然有時會因為執著於某個理念而讓人覺得執拗難搞，但以整體印象來說，算是正面、受肯定的。

嚴格說來，在這世界上只相信自己和最親密的家人，其他身分或領域的朋友，無論交往多久多深，都還是存在著一定的距離，不會把自己的所有全盤托出，始終對人性保持懷疑、不信任的心情。

上升星座落在水瓶的巨蟹

上升水瓶的相貌特徵

- ★ 身材比例姣好
- ★ 手和腿的曲線優美
- ★ 皮膚細緻白皙

上升水瓶的外型氣質

- ★ 帶著靈氣的獨特美感
- ★ 思緒清晰，說話條理分明
- ★ 冷靜，有自己的想法

上升水瓶的人，低調冷漠、古怪獨特，不喜歡惹人注意，總是站在遠離核心的邊陲地帶，以冷眼旁觀的姿態看著一大群行為模式相同的人，我行我素，需要百分之百的自由；對於與人類福

祉相關的活動特別熱衷，是一個極具博愛精神的人道主義者。

上升星座落在水瓶的巨蟹，一邊過於冷靜，一邊過於濫情，兩種特質交雜在一起，各有利弊，當冷靜與濫情調和得恰到好處時，人見人愛、廣受好評，但如果兩股力量無法平衡，則是一個敏感又難搞的人。

雖然，平常不時顯露出叛逆、漫不經心的模樣，但其實那只是用來掩飾害羞膽怯的障眼法，本質上是一個容易緊張、不喜歡接觸陌生人、不善於社交活動的人，內心的自信不若外表那般強烈。

對於人類福祉、社會族群等相關議題十分重視，有一份發自內心的關懷之情，浩瀚廣大、濃烈滿溢，一直等著奉獻給需要的人，而且在這方面的表現特別主動積極，令人崇敬感佩。

 **上升星座落在雙魚的巨蟹**

上升雙魚的相貌特徵

✪ 頭的比例較小，髮質柔細

✪ 眼睛大，但是無神

✪ 膚質好，腿細長

上升雙魚的外型氣質

✪ 眼神時而迷濛、時而無喜，
很會放電

✪ 夢幻，膽怯，心不在焉

✪ 情感豐富，易被影響

上升雙魚的人，愛幻想、情感豐沛、靈氣逼人，散發著惹人憐愛的溫柔氣質，對於音樂和藝術的感受力遠遠超越一般人，但容易產生悲觀的想法，自信不足，怯懦膽小；配合度高，沒有強烈的企圖心，不喜歡沈重的責任和競爭的壓力，追求形而上的精神生活。

上升星座落在雙魚的巨蟹，慈悲為懷、寬宏大量，對於宗教、潛意識、靈魂、能量開發等議題有濃厚興趣，甚至會放棄原有的物質生活，全心投入相關領域，無怨無悔、潛心鑽研，努力提升精神層次。

情緒起伏劇烈，一會兒開心大笑，一會兒掩面哭泣，而且說不出個所以然來解釋自己的行為，更談不上什麼具體的改善方法，只能盡量學著做好情緒管理，以避免干擾別人或為自己惹上不必要的麻煩。

膽子很小，不夠勇敢，遇到困境時更容易展現懦弱的一面，往往還沒開始想辦法解決，就決定放棄不管，要不然就是淚漣漣地躲在一旁，什麼事都不做，等著別人拯救。

PART 6

怎麼辦？巨蟹～

人不可能永遠遇到好人或只與自己契合的人相處，

一旦遇到令自己覺得不舒服、厭惡、痛苦的人，

該怎麼辦呢？

這裡的求生術將帶你脫離苦海，

打造美麗人生！

遇到粗心牡羊，怎麼辦？巨蟹～

　　牡羊因為求快，所以忽略細節，因為求多，所以無法顧及品質，如果不詳檢細究，從表面看來，牡羊總是能把事情做得又快又好，從不拖延，傾力投入，讓人不禁為那一股拚命達成任務的傻勁和精神而感動。可惜，金玉其外、敗絮其中，只要近距離仔細一看，就會對坑坑疤疤、丟東落西的結果大失所望，然而，這才是牡羊真正的風格。

　　巨蟹心思細膩、觀察入微，做事謹慎仔細，做人敏感警覺，而牡羊則完全相反，想到什麼做什麼，從不懂得把來龍去脈搞清楚再行動，也不考慮他人的立場，只忙著滿足自己完成目標的欲望。

　　當巨蟹遇到牡羊時，若想力圖拯救對方粗枝大葉的毛病，只是白費力氣，還不如先做好自我保護的工作，以免遭池魚之殃。

遇到頑固金牛，怎麼辦？巨蟹～

金牛看待「下決定」這件事，就像許多人對婚姻大事的看法一樣──考慮再考慮，絕不可兒戲。所以，在下決定之前，總要前思後想、左推敲右揣測，深怕一個不注意，把某處的關鍵細節遺漏了，功虧一簣、悔不當初。等到下定離手之後，便排除任何更動的可能性，即使一路上風雨飄搖、雷電交迫，仍不改其原定方向，始終如一。

巨蟹就像水，親切、樂於傾聽、善解人意，身段十分柔軟，而金牛則像堅硬的石頭，無法融入他人的世界，也不容易接納他人的看法。

當巨蟹遇到金牛時，以柔克剛、以時間換取空間，應是最有效果的策略，每天一點點地靠近，時時刻刻讓對方感受到巨大的誠意和綿綿不絕的暖意，久而久之，硬石也有軟化的一天。

遇到善變雙子，怎麼辦？巨蟹～

雙子對於「變化」的渴求，就像人要呼吸、吃飯、睡覺一樣，是一種不需要特別說明、毫無理由的天性。雙子討厭固定、痛恨重覆、受不了規則，別人認為沿襲舊制，省時省力又可避風險，雙子卻覺得玩新花樣才是王道。雙子隨時都在尋找新題材，一日數變是家常便飯，朝秦暮楚更是怎麼也改不了的自然本性。

巨蟹是心情上的善變，老是把一件簡單的事放在心裡琢磨半天，卻仍找不到答案，而雙子是思想和行動的善變，一個突發的念頭、一個無意中驚見的新目標、一個煽動的刺激，都是讓雙子變變變的原因。

當巨蟹遇到雙子時，更需嚴格管控自我情緒，不可隨對方起舞，否則當對方輕描淡寫地拍拍屁股走人時，可能會因感覺受騙而崩潰。

遇到情緒化巨蟹，怎麼辦？巨蟹～

巨蟹的心思細膩敏感，尤其對於人性的感受力特別強，在群體之中，只要有人稍有不對勁的情緒，巨蟹連問都不用問，就能精確透析內幕，並表達關懷之意，讓人覺得十分窩心。但也因此，巨蟹的情緒起伏總是比一般人來得明顯許多，有時起因是自己的心結關卡，有時則是他人的情緒波及，使得自己的心情始終覆蓋著一層飄忽不定的陰影。

巨蟹的心情就像月亮的陰晴圓缺，就如潮汐的漲湧消退，一波又一波，有時濃烈飽和，有時乾涸枯竭，難以控制自如。

當巨蟹遇到巨蟹時，首要任務就是讓情緒保持在一定的水平，避免忽而高漲、忽而低落的相互影響，因為負面情緒加負面情緒，可不像數學公式可以負負得正，反而會換來更讓人不知所措的惡果。

遇到驕傲獅子，怎麼辦？巨蟹～

獅子一生永遠不缺的就是滿滿的自信，在風光顯赫的時候，盡享眾人的掌聲和擁戴，在平凡貧乏的時候，持續努力往明亮的高處前進，在黑暗低潮的時候，仍不放棄贏得夢想的企圖。獅子對於自己本身與所擁有的一切皆感到無比驕傲，堅信自己是這世界上獨一無二、無人可取代的，全身散發一股傲氣逼人的氣勢。

巨蟹不習慣成為眾人的焦點，在人群裡，總是閃躲低調，只有在有人需要幫忙支援時，才會緊急現身，而獅子生下來就是要活在舞台上的人，哪裡有光就往哪裡站，總是意氣風發、自傲張狂。

當巨蟹遇到獅子時，不要被對方的氣勢嚇壞，反倒應該善用柔軟配合的特質，搭起橋樑，一旦建立互補模式之後，從此就能暢行無阻。

遇到窮緊張處女，怎麼辦？巨蟹～

處女外表端莊有禮、鎮定謹慎，其實內心經常處於不安的狀態，就像心律不整的病患的心電圖，忽上忽下、忽強忽弱，不過因為處女很在乎形象，所以掩飾得很好，不易被人發現。處女窮緊張的性格有一部分是因為本身的標準過於嚴苛，迫使自己必須面對稍有差池就扼腕不已，或未達預期所帶來的巨大恐懼，搞得緊張兮兮、坐立難安。

巨蟹情緒不定，是個容易緊張的人，常為了不知選哪個好、不知往哪個方向才對之類的瑣事憂慮煩躁，而處女的緊張則表現在對於進度的掌控、效率的堅持和品質的控管。

當巨蟹遇到處女時，應避免易讓雙方陷入緊張氛圍的話題，當其中一方情緒緊繃時，最好先各自冷靜，不要硬是攪和在一起，絕無好處。

# 遇到沒擔當天秤，怎麼辦？巨蟹～

天秤喜歡輕快俐落、流暢自在的感覺，對於厚重繁雜、長長久久的事，一概敬謝不敏。天秤尤其討厭被限制、緊縛的感覺，所以只要一遇到必須扛責任或負責某項要務，立刻逃之夭夭，直接來個人間蒸發，縱使因此被批評怒罵也無所謂，反正被唸、被罵，根本不痛不癢，總比背著一堆麻煩事或困難的任務要好應付多了。

巨蟹因為缺乏自信，怕自己能力不足，把事情搞砸，所以總是唯諾怯場，但天秤則是明明有得天獨厚的實力，卻因為發懶、貪圖享受而裝死不出聲，寧願選擇當一個沒擔當的逃兵。

當巨蟹遇到天秤時，要戒掉依賴他人的習慣，建立凡事靠自己的堅強意念，才不會期望太高、失望太大，一路跌進悲傷情緒的深淵。

遇到嫉妒天蠍，怎麼辦？巨蟹～

　　天蠍的眼裡容不下一粒沙、心裡容不了一個異己，非要做到純粹再純粹、精煉再精煉的地步，就像經過千百道去除雜質的程序後，最後所留存下來毫無雜質的部分，才能讓天蠍百分之百安心。天蠍對於自己愛的人和所擁有的，必傾注全力愛護與奉獻，也期望對方同等回饋，一旦出現外力干擾或背叛警訊，天蠍妒火中燒，後果將不堪設想。

　　巨蟹容易對他人所擁有的一切心生羨慕之情，總覺得別人碗裡的飯比較香、別人的際遇比較順利，而天蠍對於他人比自己強的部分，則以嫉妒轉化成積極力量的方式來對應，非要扳回一成，才肯罷休。

　　當巨蟹遇到天蠍時，應該省去耍心機、裝可憐的力氣，直接和天蠍保持距離，並維持表面的和諧，即可避免被復仇之火波及。

遇到心直口快射手，怎麼辦？巨蟹～

　　射手性子急、動作大又快，說話更是口沒遮攔，不管面對什麼對象或處於什麼場合，射手的表達都只有二個動作，第一個是「想到」，第二個是「立刻脫口而出」，省略了在腦子裡思量和修整的過程，所以總是讓對方感覺像被突如其來的亂箭射中一般，遍體鱗傷，痛到不支倒地，但射手卻還能繼續眉飛色舞地敘述著，毫無知覺。

　　巨蟹一旦受傷，必須花費很長的時間才能痊癒，尤其是和心靈有關的傷，更是難以平復，所以總是小心翼翼，不願把自己的快樂建築在他人的痛苦上，而射手則說話不經大腦，傷人無數卻不自知。

　　當巨蟹遇到射手時，學對方把神經放大條一點，否則難保僅是三分鐘的相處，心靈卻已千瘡百孔，不花個數倍的力氣是平復不了的。

遇到利己主義摩羯，怎麼辦？巨蟹～

摩羯的利己主義不是用在享樂，而是對自己有實質幫助的事情上，尤其金錢與名利方面的報酬，最被重視。摩羯在做任何事之前都要仔細評估，哪怕只是一件微不足道或影響有限的小事，也毫不輕忽，更別說是攸關成敗的事業規畫和人生大計，必定再三思索、前後推敲，確定萬無一失之後才行動，絕不會讓自己吃虧或浪費無謂的時間。

巨蟹雖然有領域觀念，但和藹可親、與人為善，且熱心助人，不會為一己私利而犧牲他人，而摩羯則只強調自我利益，如果真有必要，就算踏著別人的鮮血往上爬，也是可能發生的事。

當巨蟹遇到摩羯時，不需要為彼此觀念的差異而不解或氣惱，只要學會各司其職、尊重對方和互不干擾，就能萬事太平、相處愉快了。

遇到叛逆水瓶，怎麼辦？巨蟹～

　　水瓶的反骨叛逆性格，讓每個人都印象深刻，在團體裡，特異分子、難搞怪咖、點子王等強調與眾不同特質的稱號，實非水瓶莫屬，無人能出其右。自由對水瓶而言，就像空氣之於人類、肥料之於作物、食物之於動物一樣，絕不能少，否則一切停擺，再怎麼威脅利誘都沒有用，而這也是水瓶叛逆的終極表現之一。

　　巨蟹缺乏安全感，所以特別遵守規矩，因為在規矩之中總是讓人放心的，而水瓶愛當特異分子，所以總是活在規矩之外，因為這樣的模式可以讓自己毫無限制地發揮創意，自由自在。

　　當巨蟹遇到水瓶時，不必苦口婆心勸導，也不需為對方的行徑擔憂，相信每人都有自己的一片天，學習欣賞對方的優點，收穫會更多。

遇到自欺欺人雙魚，怎麼辦？巨蟹～

雙魚的拿手好戲就是逃避現實，明明事實已經擺前眼前，還是有辦法睜眼說瞎話，自欺欺人地胡編謊言，以為這樣就能矇混過關，其實大家不僅早已看出真相，而且也對雙魚欺瞞的性格留下負面印象。雙魚怕辛苦、怕有壓力、不願承擔責任，就用裝聾作啞或直接消失的方式面對事情，常讓人為之氣結。

巨蟹雖然常有不勇敢的時候，但其實對自己的弱點很清楚，只是無法在一時半刻裡付諸行動，並做到完美的程度，而雙魚卻是百分之百的柔弱膽怯，甚至必須以自欺欺人的方式逃避現實，令人同情。

當巨蟹遇到雙魚時，心靈的互相扶持是必需的，但一定要丟棄耽溺欺矇的習慣，否則一切都只是假象，最終還是要承擔應負的責任。

12 星座不易被發現的隱藏性格

牡羊 習慣逞兇鬥狠的牡羊，真要哭起來，猶如天崩地裂，挺嚇人的！

金牛 肢體不靈活的金牛，如果有高人指點，有機會變身為舞林高手。

雙子 好像可以同時處理好幾件事的雙子，其實瞎忙的成分比較高。

巨蟹 多慮膽小的巨蟹，一旦犧牲奉獻，則勢如破竹、勇氣過人。

獅子 愛熱鬧的獅子，也會有不愛搭理別人的自閉傾向。

處女 表面端莊整齊的處女，在沒人看見的時候，完全不是那麼回事。

天秤 要求平衡、客觀的天秤，其實主觀的不得了。

天蠍 冷酷、疑心病重的天蠍，一被打動，就完全受對方擺布。

射手 粗線條的射手，在研究學問時，倒是十分仔細謹慎。

摩羯 拘謹嚴厲的摩羯，遇到喜歡的人，會變得非常浪漫。

水瓶 看起來不問世事的水瓶，其實對所有狀況都瞭然於胸。

雙魚 說話含糊、不具體的雙魚，心中早有答案，只是不說而已。

星座小熊 第一本星座書 巨蟹座
暖心治癒系大神

作　　者／星座小熊，曾新惠
美術編輯／達觀製書坊
責任編輯／twohorses

企畫選書人／賈俊國

總 編 輯／賈俊國
副總編輯／蘇士尹
編　　輯／黃欣
行銷企畫／張莉滎、蕭羽猜、溫于閎

發 行 人／何飛鵬
法律顧問／元禾法律事務所王子文律師
出　　版／布克文化出版事業部
　　　　　115 台北市南港區昆陽街 16 號 4 樓
　　　　　電話：(02)2500-7008　傳真：(02)2500-7579
　　　　　Email：sbooker.service@cite.com.tw
發　　行／英屬蓋曼群島商家庭傳媒股份有限公司城邦分公司
　　　　　115 台北市南港區昆陽街 16 號 5 樓
　　　　　書虫客服服務專線：(02)2500-7718；2500-7719
　　　　　24 小時傳真專線：(02)2500-1990；2500-1991
　　　　　劃撥帳號：19863813；戶名：書虫股份有限公司
　　　　　讀者服務信箱：service@readingclub.com.tw
香港發行所／城邦（香港）出版集團有限公司
　　　　　香港九龍土瓜灣土瓜灣道 86 號順聯工業大廈 6 樓 A 室
　　　　　電話：+852-2508-6231　　傳真：+852-2578-9337
　　　　　Email：hkcite@biznetvigator.com
馬新發行所／城邦（馬新）出版集團 Cité (M) Sdn. Bhd.
　　　　　41, Jalan Radin Anum, Bandar Baru Sri Petaling,
　　　　　57000 Kuala Lumpur, Malaysia
　　　　　電話：+603- 9056-3833　　傳真：+603- 9057-6622
　　　　　Email：services@cite.my
印　　刷／韋懋實業有限公司
初　　版／2024 年 6 月
定　　價／300 元
ＩＳＢＮ／978-626-7431-23-8
ＥＩＳＢＮ／9786267431269（EPUB）

城邦讀書花園　布克文化
www.cite.com.tw　www.sbooker.com.tw